大学経営の

STRUCTURE AND FUNCTION
OF UNIVERCITY MANAGEMENT

構造と作用

小藤康夫———［著］

専修大学出版局

はじめに

　私立大学を取り巻く経営環境は年々厳しさを増している。18歳人口の減少傾向が確実に強まるだけでなく、国の補助金も減少傾向にあるからだ。困難な状況の中で私立大学が持続的な発展を遂げるには、絶えず経営内容に関心を払う必要がある。

　過去の右肩上がりの良好な経営環境のもとでは、大学の教育理念をひたすら追求すればよかった。だが、今日では一般企業と同様に経営危機といった予想もできない事態を意識しながら、大学運営を考えていかなければならない。そういう不安定な時代に突入している。

　ここでは主として私立大学を対象にした分析が行われているが、基本的には国立大学法人にも当てはまる内容である。いまでは業態の相違に関わらず両者とも大胆な改革が繰り広げられているので、いずれ見分けがつかないほど類似した形態の大学に収束していくと思われる。

　ただ、規模が大きな大学を対象にしているため、全国的に知名度の高い主要私立大学を取り上げながら分析が行われている。例えば資産運用は主要私立大学において不可欠な業務であり、すでに活発に資金を動かしている。

　一方、小規模な私立大学ではリスクを伴う業務を回避しようとするので、資産運用に対して消極的である。大学の資産運用業務に注目しようとすれば、主要私立大学に目を向けざるを得ない。

　また、国際化が進展する中で主要私立大学が果たす役割は大きく、それを実現するには過去の行動にいつまでも縛られていくわけにはいかない。大胆な改革を繰り返しながら、経営内容についても万全でなければ実現不可能である。

　いままでは日本経済の成長に依存しながら私立大学は着実に発展してきたが、これからは独自の展開を進めていく段階に差し掛かっている。本書では従来の発想を大きく転換し、大学経営に焦点を絞りながら将来の方向性を探って

いる。

　大学経営を扱った書物は多いが、とりわけ財務に注目している点が本書の特徴と言える。大学が提供する教育・研究活動が社会に貢献していれば、それに見合った資金が流入する。好循環が続けば大学財政は健全化し、発展が期待できる。したがって、社会ニーズに応えているかどうかを確認するには、財務内容をチェックすればよい。

　それでも受動的な姿勢だけでは十分な収入を確保するのは難しい。そのためには、学生納付金をはじめとして補助金、研究費、寄付金などの獲得にも力点を置く必要がある。さらに資産運用で得られる利息・配当金やキャピタルゲインも、主要私立大学において重要な収入源になっている。

　今日の私立大学は政府から大胆な介入を受けている。入学定員超過の大学に補助金が削減されたり、東京23区の私立大学に定員増加を認めないといった想定外の展開である。規模を拡大させることで成長を続けてきた私立大学にとって、厳しい制約が課されてしまった。この状況を打破するには、従来の経営方針を根本から変えていかざるを得ないであろう。

　こうした私立大学が抱える今日の諸問題を理論的に整理し、将来の方向性を明らかにしようとしたのが本書である。全体的にシステムダイナミックスのソフトを利用したアプローチが取られている。大学経営の構造をソフトの特色であるストックとフローの記号をつなぎ合わせながら描き、その作用を数値例から具体的に導き出している。

　本書のタイトルが「大学経営の構造と作用」となっているのは単に中心となるテーマを端的に表現しているだけでなく、このソフトの活用にも影響を受けている。

　私立大学は設立時に掲げた教育理念を目指し、教育・研究活動に邁進していく。当然の行動であるが、それと同時にさまざまなルートを通じて収入の確保にも積極的に取り組む必要がある。もちろん、大学関係者の中にはそうした主張に違和感を覚える人もいるかもしれない。

　だが、米国の大学では日本とは比べものにならないほど収入の確保にかなり

はじめに

貪欲的である。そのことは全収入に占める割合で学生納付金よりも補助金、研究費、寄付金、大学基金からの分配金といった別のルートのほうが、はるかに高いことからも理解できる。とりわけ分配金を生み出す大学基金は、機関投資家として位置づけられているほどである。

言うまでもなく経営資源のヒト・モノ・カネを有効活用するのが経営の基本原則である。米国の大学はそれを実践しているに過ぎない。わが国の大学もようやく同じ方向に歩み始めようとしている。ここでは私立大学に関連する現代の諸問題を扱いながら、経営資源をどのように活用すべきかが論じられている。

日本経済にとって少子高齢化は深刻な問題である。克服するには大学進学率を上昇させながら、若者の生産性を高めていくのが最も好ましい方策である。政府が大学授業料の無償化を打ち出すなどいままで以上に若者の教育改革に取り組んでいるのはこうした発想からであろう。

そのためには、大学自身が国民からの期待に応えられるような体制を構築しておかなければならない。その意味からも大学経営の分析は極めて関心の高いテーマであると思う。

なお、本書は「平成31年度　専修大学図書刊行助成」を受けてまとめたものである。また、研究内容はすべて著者個人の見解に基づくものであり、所属する機関とは一切関係していない。このことをお断りしておく。

2018年12月

小藤　康夫

目　　次

はじめに ……………………………………………………………………… i

第1部　大学経営の基本的枠組み

第1章　主要私立大学のブランド価値と財務力

第1節　大学経営の実態を把握する方法 ……………………………… 3

　⑴　大学のブランド価値

　⑵　全国的に認知度の高い主要私立大学

　⑶　大学の財務力

第2節　大学経営の全体像 ……………………………………………… 7

　⑴　ブランド価値の形成メカニズム

　⑵　収支差額の形成メカニズム

第3節　主要私立大学の現状分析 ……………………………………… 14

　⑴　志願者数と収支差額

　⑵　大学経営の4分類

第4節　大学経営の新展開 ……………………………………………… 19

　⑴　コストとブランド価値の脆弱な関係

　⑵　ブランド価値と収入の脆弱な関係

　⑶　収入獲得手段としての資産運用

　⑷　ヒト・モノ・カネの有効活用

第2章　主要私立大学の役立つ経営指標

第1節　私立大学の改訂された決算書 ………………………………… 39

第2節　経営指標の作成 ………………………………………………… 41

　⑴　事業活動収支計算書と貸借対照表

　⑵　主要な経営指標

　⑶　資産運用指標

v

第3節　私立大学の経営モデル ……………………………………… 47

　(1) 大学経営のメカニズム

　(2) 3種類のケースのシミュレーション

第4節　図で見る役立つ経営指標 …………………………………… 51

　(1) 短期経営指標—教員一人当たり利益と資産の関係—

　(2) 長期経営指標—純資産のローソク足—

　(3) 大学経営の在り方

第5節　将来の大学経営 ……………………………………………… 56

　(1) 100年後の大学財政

　(2) 将来を支える資産運用体制

第3章　主要私立大学の資産運用行動

第1節　経済危機以降の資産運用 …………………………………… 65

　(1) リーマンショックの影響

　(2) 大恐慌とケインズ

第2節　ケインズによる大学基金での資産運用 …………………… 67

第3節　主要私立大学の運用成果 …………………………………… 70

　(1) 3種類の運用指標

　(2) 運用成果の比較

第4節　含み損益の欠如 ……………………………………………… 77

補論　私立大学の資産運用と最適ペイアウト率

第2部　大学経営を取り巻く諸問題

第4章　主要私立大学の入学定員超過問題と経営戦略

第1節　入学定員超過問題 …………………………………………… 87

　(1) 文部科学省の方針

　(2) 主要私立大学の経営戦略

目　次

第2節　私立大学の決算書 …………………………………………… 91
　(1)　改正後の収支計算書
　(2)　資産運用の表記
第3節　私立大学の経営モデル ……………………………………… 94
　(1)　大学経営のフレームワーク
　(2)　入学定員超過問題のモデル分析
第4節　主要私立大学の経営戦略 …………………………………… 99
　(1)　短期経営戦略
　(2)　中期経営戦略
　(3)　長期経営戦略
第5節　不確実性下における私立大学の経営モデル ……………… 103
　(1)　不確実性下の基本モデル
　(2)　不確実性下の中期・長期経営戦略
第6節　今後の経営戦略 ……………………………………………… 108
　(1)　規模追求型と質重視型の大学経営
　(2)　米国の大学経営

第5章　東京23区私立大学の定員増規制の影響

第1節　大学経営の転換 ……………………………………………… 113
　(1)　人口の偏在
　(2)　規模重視から質重視の大学経営
第2節　大学経営の全体像 …………………………………………… 116
　(1)　ブランド価値の形成メカニズム
　(2)　基本金の形成メカニズム
　(3)　大学経営の2分法
第3節　短期経営モデル―10年モデル― …………………………… 122
　(1)　基本モデルのケース
　(2)　不適切な学部配分のケース

vii

（3）大学の定員増加のケース

（4）研究活動増加のケース

（5）研究活動増加と一人当たり授業料増加を組み合わせたケース

（6）研究活動増加と外部資金調達力増加を組み合わせたケース

第4節　長期経営モデル―100年モデル― ……………………………… 126

（1）基本モデルのケース

（2）不適切な学部配分のケース

（3）大学の定員増加のケース

（4）研究活動増加のケース

（5）研究活動増加と一人当たり授業料増加を組み合わせたケース

（6）研究活動増加と外部資金調達力増加を組み合わせたケース

第5節　定員増規制下の大学経営 ………………………………………… 132

（1）ブランド価値の把握

（2）外部収入に依存した大学経営

第6章　支出優先の大学経営と区分経理

第1節　大学発展の仕組み ………………………………………………… 139

（1）区分経理の導入

（2）支出優先の大学経営

第2節　私立大学の財務諸表 ……………………………………………… 141

（1）大学会計の特徴

（2）収支差額の種類と黒字の達成

第3節　主要私立大学の財務力 …………………………………………… 146

（1）財務指標と経営指標

（2）国立大学法人との比較

第4節　理想的会計情報に基づく私立大学の経営モデル ……………… 151

（1）大学経営のメカニズム

（2）学部独自の区分経理

目　　次

第5節　資源の投入が大学財政に及ぼす影響 ……………………………… 155

　(1) 資金調達力と大学財政

　(2) 資金調達力の意味

第6節　大学経営の方向性 …………………………………………………… 160

　(1) 資産運用の重要性

　(2) 収入制約の弊害

　(3) 区分経理導入の条件

第7章　授業料無償化とモラルハザード

第1節　政府の基本方針と大学経営 ………………………………………… 165

　(1) 大学の授業料無償化

　(2) 2種類のモラルハザード

　(3) 新制度の問題点

第2節　受給者のモラルハザード …………………………………………… 169

　(1) 授業料返済を求める出世払い方式

　(2) 税負担による授業料無償化方式

第3節　経営者のモラルハザード …………………………………………… 173

　(1) 大学経営モデル

　(2) 理事会の決定

第4節　大学経営への影響 …………………………………………………… 177

おわりに …………………………………………………………………… 181

参考文献・資料・出典 …………………………………………………… 185

第1部
大学経営の基本的枠組み

第1章　主要私立大学のブランド価値と財務力

第1節　大学経営の実態を把握する方法

(1)　大学のブランド価値

　18歳人口が確実に減少する中で大学間の競争が年々厳しさを増している。そのことは入学試験の志願者数を見ることからも容易に把握できる。かつてはすべての大学に受験生が殺到し、受験戦争と呼ばれた時代もあった。その結果、どの大学もかなり高い数値の受験倍率を示していた。だが、今日では状況が一変し立場が逆転したことで、受験生による大学の選別色が強まっている。そのため、志願者数が伸びていく大学もあれば、逆に低迷を続ける大学も現れている。

　受験生達は教師や御父母のアドバイスを参考にしながら、現在だけを考えるのではなく将来にわたって充実した人生を導いてくれる大学を望んでいる。その期待に応えてくれる大学に受験生達は向かっていく。毎年の入学試験で発表される志願者数は、まさに受験生達の期待度が如実に反映された指標と思われる。

　大学の使命は教育・研究活動を通じた独自の教育理念の実現にあり、その成果は最終的に社会に還元されなければならない。それには絶えず人々のニーズを敏感に把握できる体制を取り続けていく必要がある。そうでなければ、本来の教育・研究活動から逸脱した方向に進んでしまう。そうならないためにも、絶えず大学全体の諸活動をチェックしておかなければならない。こうした社会

ニーズに対応した真摯な教育・研究活動の成果を「大学のブランド価値」と呼ぶことにしよう。

　ブランド価値は社会の人々から受ける大学への信頼であり、十分な成果を挙げれば自ずと高まっていく。だが、極めて抽象的な概念であるため、統一した評価基準がないのが現状である。見方によってはさまざまな切り口から論じられる結果、客観的な数値で捉えることができず、曖昧なままで終わってしまう恐れもある。

　そこで、大胆な試みではあるが、大学のブランド価値を表す具体的な指標として入学試験で発表される志願者数を取り上げたい。大学の教育・研究活動にかかわる正確な情報は、あらゆる経路を通じて受験生達に伝播する。高校・予備校の進学指導の先生方、受験生達の御父母そして友人から聞く情報だけでなく、新聞・雑誌・テレビ等を通じたマスコミからの情報もブランド価値を形成する材料となっている。受験生達はこれらの情報に基づきながら、希望する大学を冷静に選択している。したがって、入学試験の志願者数は大学のブランド価値を反映した信頼度の高い指標として採用できる。

　もちろん、それに代わる他の指標を探ろうとすれば、候補がいくつも挙げられるであろう。あるいは民間会社に委託したアンケート調査も有効な手段である。ただ、誰もが簡単に利用できる指標としては、志願者数に優るものはないであろう。しかも毎年度の入学試験が行われるたびに発表されるので、継続性という視点からも好ましい指標と考えられる。

(2)　全国的に認知度の高い主要私立大学

　そうは言っても、ある程度の制約が課される。大学には大雑把に分類して私立大学と国公立大学法人の2種類がある。このうちブランド価値を表す指標として志願者数が当てはまるのは、どちらかと言えば私立大学のほうであろう。国公立大学法人の場合、志願者数に大きな変動が見られないうえ、受験する動機も私立大学とは若干異なっているように思える。また、私立大学であっても規模の大きさによって異なっている。小規模な私立大学はブランド価値が志願

者数に反映されにくいかもしれない。

　志願者数がブランド価値の指標として当てはまるのは、相対的に大規模な主要私立大学であろう。そこで、本章では規模の大きな代表的な主要私立大学として、以下の全国的に認知度の高い51校を取り上げることにする。

〈北海道・東北地方〉（3校）
　　北星学園・北海学園・東北学院

〈関東地方〉（32校）
　　青山学院・学習院・北里・慶應義塾・工学院・國學院・国際基督教・国士舘・駒澤・芝浦工業・上智・成蹊・成城・専修・大東文化・中央・津田塾・東海・東京女子・東京電機・東京都市・東京農業・東京理科・東洋・日本・日本女子・法政・武蔵・明治・明治学院・立教・早稲田

〈中部地方〉（4校）
　　愛知・中京・南山・名城

〈近畿地方〉（8校）
　　京都産業・同志社・立命館・龍谷・関西・近畿・関西学院・甲南

〈中国・四国地方〉（2校）
　　広島修道・松山

〈九州地方〉（2校）
　　西南学院・福岡

(3)　大学の財務力
　ブランド価値を持続的に向上させる条件として、財政の健全化は絶対に欠か

せない。

　いくら積極的な教育・研究活動からブランド価値を高めても、財政赤字が続けば大学運営は行き詰まってしまう。これでは持続可能な発展は望めない。教育・研究活動はコストを伴うが、それに見合った収入が発生しなければ、財政は赤字に陥ってしまう。大学は絶えず収支の状態を確認しながら、財政を黒字の状態に維持する必要がある。

　言うまでもなく、財政の収支差額は自己資本に相当する基本金に影響を及ぼす。財政が黒字であれば基本金の積み増しにつながるので、自己資本比率が上昇し大学経営は安定化する。逆に財政が赤字であれば基本金の取り崩しにつながり、自己資本比率の低下から大学経営は不安定化する。

　しかも、赤字の状態からいつまでも脱却できなければ基本金は減り続け、最悪の場合、実質的な経営破綻を意味する債務超過の状態に陥ってしまう。そうならないためにも、教育・研究活動によるブランド価値の形成とともに、収支差額にも絶えず注目する必要がある。

　本章の目的はこうした大学経営の展開を簡単なモデルで表現しながら、ブランド価値の形成と収支差額による相互依存の体系を整理することにある。これにより大学経営を正しい方向へ導くための有益な指針が得られると思われる。ただ、単に理論的な整理だけでは理解が深まらないので、先ほど指摘した主要私立大学 51 校を取り上げながら、今日の大学経営の実態を理論の枠組みに沿って丁寧に見ていきたい。

　大学経営においてブランド価値と財務力を組み合わせた説明はあまり聞かれない。通常は大学の理念を声高に主張するだけで終わってしまう傾向が強い。だが、大学は未来永劫にわたって存続し続けるのが大前提である。その条件として財務についても同じように大きな関心を示す必要がある。ところが、財務状態に関心を払う大学関係者は極めて少ない。

　財務の問題は基本的に収支差額の向上を目指すことであり、コストを切り詰めながら収入を増やしていかなければならない。それを実現するには大学関係者にかなりの負担が強いられる。そのため、財務の問題にはあまり触れられ

第1章　主要私立大学のブランド価値と財務力

ず、自然と曖昧な状態のままで過ぎてしまう。その結果、大学の理念に結びつけながらブランド価値の増大を唱えるだけとなる。

　だが、財務の問題に注目すれば大学のブランド価値の見方も大きく違ってくる。大学は絶えず収入を意識しながら教育・研究活動を展開し、そのうえでブランド価値を高めていく必要がある。多くの人々はそのことに改めて気づくであろう。これによりブランド価値と財務力がうまく噛み合いながら拡大していくと思われる。最終的に大学にとって重要なのは、稼ぐ力であることをこれから強調していきたい。

第2節　大学経営の全体像

(1)　ブランド価値の形成メカニズム

　まず、大学経営の構図をシステムダイナミックス・ソフトの Powersim Studio を用いて描くことにしよう。ストック（□）とフロー（○）を組み合わせながら、全体の流れを簡単に把握できるのがこのソフトの特徴である。図をながめるだけで変数間の因果関係がつかめるうえ、それぞれの変数に数値を代入することでシミュレーションも行える便利なソフトである。

　最初にブランド価値の形成メカニズムから説明していこう。図表1-1はそのために作成されたものである。大学は日々の「教育・研究活動」を通じて幅広く社会に貢献している。各期ごとに生み出される教育・研究活動の成果の蓄積が大学の「ブランド価値」であり、時間とともに「ブランド価値消滅」も起きるので、増加だけでなく減少することもある。

　大学の運営は「教員」と「職員」が中心となって展開されるので、教育・研究活動はこの2つの要因によって決定づけられる。これら教職員は、毎期ごとに発生する「教員投入」と「職員投入」が「成長率」に応じて流入することで形成される。大学の支出のうち人件費が、圧倒的なウエイトを占める。それゆえ、「教員人件費」と「職員人件費」を合わせたものが、大学の「コスト」となる。それぞれの人件費は、「教員賃金」と教員（人数）を掛け合わせたもの

7

第１部　大学経営の基本的枠組み

図表１-１　大学のブランド価値の形成メカニズム

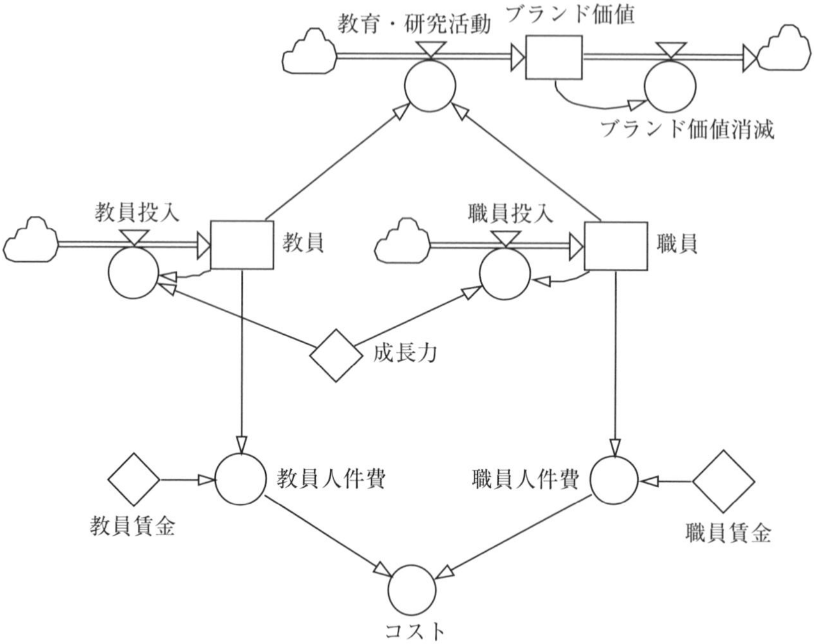

と「職員賃金」と職員（人数）を掛け合わせたものになる。

　こうしてコストを伴いながら教員と職員によって教育・研究活動が展開し、ブランド価値が形成されていく。大学経営にとって好ましい合理的な行動は、ある一定の教育・研究活動を生み出すのに必要なコストを最小化することである。そうすればブランド価値が最小コストで得られる。

　ここで教育・研究活動とコストの関係を具体的に設定しよう。まず、ブランド価値の源泉である教育・研究活動（y）は、教員（x₁）と職員（x₂）によって生み出される。そのことを次のような２種類の関数で表現する。

$$y = x_1^{(2/3)} \cdot x_2^{(1/3)}$$
$$y = x_1 \cdot x_2^{(1/2)}$$

それに対してコスト（c）は、教員（x_1）と教員賃金（w_1）を掛け合わせたものと、職員（x_2）と職員賃金（w_2）を掛け合わせたものの合計となる。

$$c = x_1 \cdot w_1 + x_2 \cdot x_2$$

教員賃金と職員賃金が所与のもとで、ある一定の教育・研究活動を生み出すのに最適な教員（x_1^*）と最適な職員（x_2^*）を求め、そこから最小化をもたらす最適なコスト（c^*）を示すことにしよう。

図表1-2は教員賃金と教育・研究活動の違いから以下の4つのケースに分けながら、教育・研究活動とコストの関係を小林道正（1996）のプログラムに従って描いたものである。

【ケース1】　基本モデル
　　　　教育・研究活動の関数　　$y = x_1^{(2/3)} \cdot x_2^{(1/3)}$
　　　　教員賃金　$w_1 = 0.3$

【ケース2】　教員賃金の引き下げ

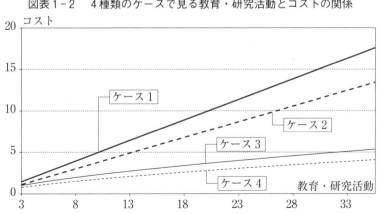

図表1-2　4種類のケースで見る教育・研究活動とコストの関係

第1部　大学経営の基本的枠組み

　　　　教育・研究活動の関数　　$y = x_1^{(2/3)} \cdot x_2^{(1/3)}$
　　　　教員賃金　$w_1 = 0.2$

【ケース3】　教育・研究活動の改善
　　　　教育・研究活動の関数　　$y = x_1 \cdot x_2^{(1/2)}$
　　　　教員賃金　$w_1 = 0.3$

【ケース4】　教育・研究活動の改善と教員賃金の引き下げ
　　　　教育・研究活動の関数　　$y = x_1 \cdot x_2^{(1/2)}$
　　　　教員賃金　$w_1 = 0.2$

　ケース1は基本モデルであり、これを基準にしながら教員賃金だけを引き下げたものがケース2である。図をながめると下方にシフトしていることがわかる。同じ教育・研究活動を得るのに、コストが少なくて済むことを意味している。あるいは同じコストに対して、大きな教育・研究活動が得られるとも解釈できる。

　それに対してケース3はケース1の基本モデルと異なり、教育・研究活動を改善させた関数が置かれている。そのため、ケース2の曲線よりも下方にシフトしている。さらにケース4では教育・研究活動の関数が代わっただけでなく、教員賃金の引き下げも行われている。この場合はケース3の曲線よりもさらに下方にシフトしている。

　このように教員賃金と教育・研究活動を変化させることで、4つのケースをながめてきた。これによりコストと教育・研究活動の関係が直感的に理解できたと思われる。つまり、賃金を引き下げたり、あるいは教育・研究活動を改善すれば、少ないコストで大学の目標が達成できることがわかった。

(2)　収支差額の形成メカニズム

　次に大学の収支差額について見ていくことにしよう。図表1‐3は教育・研

第1章　主要私立大学のブランド価値と財務力

図表1-3　大学の収支差額の形成メカニズム

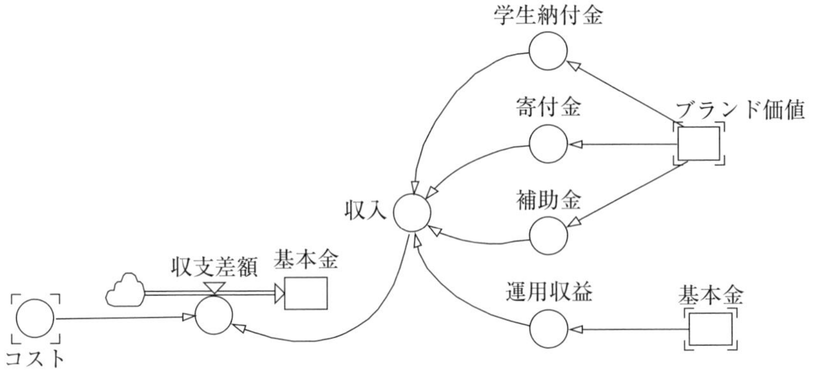

究活動の成果から蓄積された「ブランド価値」がどのように大学の収入として
結びついていくのか、そして教育・研究活動を生み出すための「コスト」と
「収入」から生じる「収支差額」が「基本金」にどのように流れていくのかを
描いている。

　ブランド価値の影響を受ける主要な収入源として、「学生納付金」、「寄付
金」、「補助金」が挙げられる。教育・研究活動が十分に発揮され、社会から信
頼の証しであるブランド価値が高まれば、入学志願者の増大から学生納付金が
拡大するだけでなく、外部収入源の代表である寄付金や補助金も増大するであ
ろう。

　一方、「運用収益」はブランド価値とは独立した収入源となる。基本金の一
部を運用に充てることで、運用収益が得られるからである。それでもブランド
価値に影響を受ける3つの収入源が収支差額を通じて基本金を決定づけるの
で、運用収益はブランド価値の影響を全く受けていないわけではない。

　こうして4つの収入源が大学に流入する一方で、教育・研究活動を生み出す
ためのコストが流出することから収支差額が決定づけられ、その資金が基本金
に蓄積されていく。収支差額が黒字であれば基本金は増大し、さらなる大学の
発展が期待される。反対に収支差額が赤字であれば基本金は減少し、改善の見
込みがなければ基本金は最終的にマイナスとなり、大学は債務超過の状態に陥

11

第1部　大学経営の基本的枠組み

り破綻する。したがって、収支差額はブランド価値と同様に大学経営にとって絶えず注目しなければならない重要な経営指標と言える。

　早速、ブランド価値と収支差額の形成メカニズムを組み合わせることで、コストと教育・研究活動による先ほどの4種類のケースごとに、ブランド価値、収支差額、基本金の大きさを追っていくことにしたい。図表1-4はシミュレーションの結果を20期ごとに分けながら100期まで示している。なお、モデルに組み込まれた変数の詳細な設定は、付録1-1の方程式に整理されている。ここではそれらの説明を省くことにする。

図表1-4　4種類のケースのシミュレーション

ケース1	0期	20期	40期	60期	80期	100期
ブランド価値	10.00	17.38	21.27	25.95	—	—
収支差額	0.13	▲0.10	▲0.46	▲0.89	—	—
基本金	10.00	10.77	5.49	▲7.64	—	—

ケース2	0期	20期	40期	60期	80期	100期
ブランド価値	10.00	17.38	21.27	25.95	31.67	—
収支差額	0.48	0.33	0.09	▲0.23	▲0.61	—
基本金	10.00	18.59	23.01	21.88	13.84	—

ケース3	0期	20期	40期	60期	80期	100期
ブランド価値	10.00	18.76	25.34	34.16	46.04	62.06
収支差額	0.58	0.48	0.30	0.08	▲0.17	▲0.47
基本金	10.00	21.03	28.99	32.98	32.26	26.02

ケース4	0期	20期	40期	60期	80期	100期
ブランド価値	10.00	18.76	25.34	34.16	46.04	62.06
収支差額	0.83	0.78	0.68	0.55	0.40	0.23
基本金	10.00	26.45	41.14	53.44	62.99	69.40

（注）網掛はマイナスに突入した期間を示している。

第1章　主要私立大学のブランド価値と財務力

　まず、基本モデルのケース1から見ていくと、ブランド価値が着実に上昇する中で、収支差額は20期目以降にマイナスになっている。そのため、基本金も60期目にマイナスとなり、債務超過に陥っている。つまり、経営破綻を意味する。このケースを基準にしながら条件を変えたケースについて見ていこう。

　ケース2はケース1と同じ教育・研究活動の関数であるが、教員賃金の引き下げが行われている点が異なっている。ブランド価値は全く同じように拡大しているが、コストの引き下げから収支差額がマイナスになる時期が60期目まで伸ばされている。だが、その後も収支は改善されないため、100期に至らない段階で基本金がマイナスの債務超過になっている。

　債務超過を回避するにはコストの引き下げだけでは無理である。教育・研究活動を改善し、ブランド価値を高めるしか方法はないであろう。ケース3は教育・研究活動が改善されたケースである。それゆえ、ブランド価値はどの期間もいままでのケース1、2よりも大きく、収支差額がマイナスになるのは80期目以降であり、100期までを見る限り基本金はマイナスになっていない。

　ケース4はケース3の条件に教員賃金の引き下げが行われたケースである。

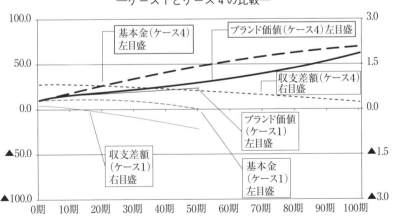

図表1-5　大学のブランド価値、収支差額、基本金の動き
―ケース1とケース4の比較―

第1部　大学経営の基本的枠組み

ブランド価値はケース3と同じ状態であるが、コストの引き下げから収支差額はすべての期間でプラスとなり、基本金もプラスの状態が保たれている。大学経営にとって最も望ましいケースと言える。

　図表1-5は基本モデルのケース1と最善の状態を実現したケース4を比較しながら図で描いたものである。両者のケースをながめることからも、大学経営が着実に拡大していくための条件が自ずと明らかになってくる。つまり、教育・研究活動の改善に取り組みながら、コストにも留意しなければならないということである。

　教員や職員を増やすことでブランド価値も高まっていくが、絶えず変化する社会の要求に応えていくには教育・研究活動の改善が必要である。この努力を怠ればブランド価値の持続的な向上は望めない。他方、教員や職員を増やせばコストが高まり収支差額が悪化し、大学経営が行き詰まる恐れも生じる。その時は賃金の引き下げといった方策が必要になる。その場合、収支差額が好転し、ブランド価値をさらに高めていくことになる。

第3節　主要私立大学の現状分析

(1)　志願者数と収支差額

　ここまで大学経営の全体像を簡単なモデルを通じて説明してきた。次に主要私立大学51校を対象にしながら大学の現状をながめていきたい。図表1-6(1)(2)は志願者数（2017年2月中旬）と収支差額（2017年3月末）を取り入れた相関図であり、志願者数が3万人以上の大学と3万人未満の大学に分けて描かれている。

　全体的に明確な形では現れていないが、強いて言えば両者は正の関係にあるように見える。志願者数の増大はブランド価値の高まりを意味するので、いくつかのルートを通じて大学収入が高まり、収支差額も改善すると予想される。だが、両者の関係は極めて弱く、むしろ曖昧な関係にあるようにも見える。

　そこで、今度は1年間に限定せず、5年間の動きを志願者数と収支差額に分

第1章 主要私立大学のブランド価値と財務力

図表1-6(1) 志願者数(2017年2月中旬)と収支差額(2017年3月末)
　―志願者3万人以上の主要私立大学―

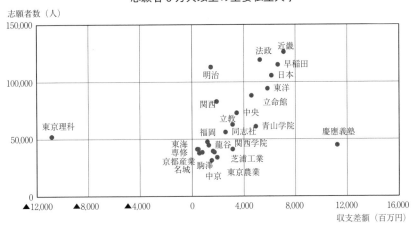

図表1-6(2) 志願者数(2017年2月中旬)と収支差額(2017年3月末)
　―志願者3万人未満の主要私立大学―

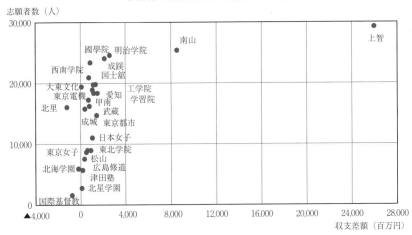

けながら観察してみたい。図表1-7(1)(2)は毎年入試シーズンに発表される各大学の志願者数の推移を追ったものである。ここでは2013年2月中旬から2017年2月中旬までの5年間にわたる動きを罫線で示している。周知のよう

15

第 1 部　大学経営の基本的枠組み

図表 1-7（1）　志願者数の推移（5 年間）
―志願者 3 万人以上の主要私立大学―

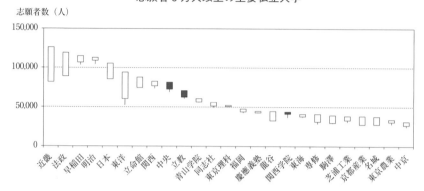

図表 1-7（2）　志願者数の推移（5 年間）
―志願者 3 万人未満の主要私立大学―

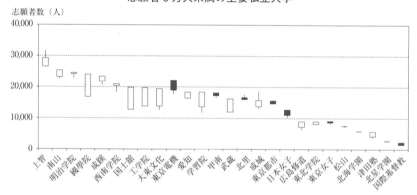

に白い棒線（陽線）は、始値（2013 年 2 月中旬）よりも終値（2017 年 2 月中旬）のほうが大きいことを表している。黒い棒線（陰線）は、反対に始値よりも終値のほうが小さいことを表している。

　最終年（2017 年 2 月中旬）のデータを基準にしながら志願者数の大きさに従ってそれぞれの大学が並べられている。また、志願者数 3 万人を境にしながら 2 つの図に分けられている。図をながめるとわかるように志願者数を増やしている大学もあれば、逆に減らしている大学もある。

第1章　主要私立大学のブランド価値と財務力

図表1-8(1)　収支差額の推移（5年間）―志願者3万人以上の主要私立大学―
（百万円）

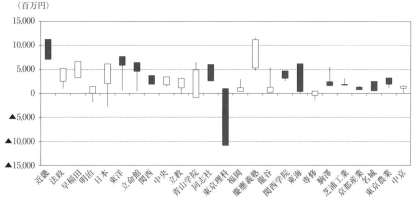

図表1-8(2)　収支差額の推移（5年間）―志願者3万人未満の主要私立大学―
（百万円）

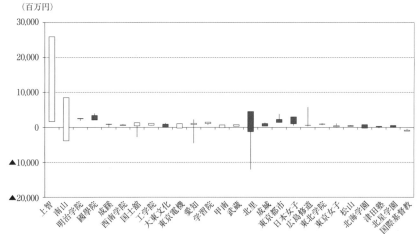

　全く同様の手法で収支差額の動きを2013年3月末から2017年3月末までの5年間にわたって描いたものが図表1-8(1)(2)である。収支差額の動きが好転している大学もあれば、低迷している大学もあるのがわかる。
　ここで志願者数の動きと収支差額の動きを個別の大学ごとに見比べていくと、両者は必ずしも同じ動きを展開しているようには見えない。先ほどの1年間だけを対象にした場合は若干の比例関係が感じられたかもしれないが、5年

第1部　大学経営の基本的枠組み

間を対象にした罫線から見る限り、その関係が必ずしも成立しているわけではないように見える。

(2)　大学経営の4分類

それでも個別の大学ごとに志願者数と収支差額を見比べるのも曖昧なところが残り、判断を下すのにある程度の限界が感じられる。そこで、今度はこれら5年間の罫線データを以下の4分類に整理することで、両者の関係を見ていきたい。

第Ⅰ分類　志願者数も収支差額も陰線の大学
第Ⅱ分類　志願者数は陽線であるが、収支差額が陰線の大学
第Ⅲ分類　志願者数も収支差額も陽線の大学
第Ⅳ分類　志願者数は陰線であるが、収支差額が陽線の大学

志願者数はブランド価値の指標であり、収支差額は財務力の指標であると想定すれば、大学経営の発展過程がこの4分類で説明できるように思われる。まず、最悪の状態は第Ⅰ分類である。ブランド価値も収支差額も低迷状態にあるからだ。この段階から逃れるために経営改革が行われ、教育・研究活動の改善からブランド価値が上昇していく。しかしながら財務力の改善までに至らないので、第Ⅱ分類に留まることになる。

時間の経過に伴い、収支差額も向上し、最も理想的な第Ⅲ分類に向かっていく。ブランド価値も財務力も拡大しているので最善の状態と言える。ところが、時代の変化に対応できない大学はやがて教育・研究活動に勢いが見られなくなり、次第にブランド価値を下げてしまう。それでも財務力はすぐに弱まらないので第Ⅳ分類に向かっていく。だが、このままの状態が続けば、いずれ最悪の第Ⅰ分類に突入してしまう。

このようにブランド価値と収支差額の状況から4分類に整理できるとともに、それぞれの領域への動きもある程度説明できる。図表1-9は5年間の罫

第1章　主要私立大学のブランド価値と財務力

図表1-9　主要私立大学の4分類

ブランド価値（志願者数）↑

	財務力低迷	財務力向上
向上	**分類Ⅱ** 北星学園　東北学院　國學院 駒澤　芝浦工業　成蹊 成城　大東文化　津田塾 東海　東京農業　東京理科 東洋　名城　京都産業 同志社　立命館　関西 近畿　松山　広島修道	**分類Ⅲ** 青山学院　学習院　慶應義塾 工学院　国士舘　上智 専修　日本　法政 武蔵　明治　明治学院 早稲田　愛知　中京 南山　龍谷 西南学院　福岡
低迷	**分類Ⅰ** 北海学園　北里 東京都市　日本女子 関西学院	**分類Ⅳ** 国際基督教　中央 東京女子　東京電機 立教　甲南

（下段左）低迷　（下段右）向上　→　財務力（収支差額）

線データから主要私立大学を4つの領域に分けて整理したものである。この図を見ることで各大学の置かれている状況が直観的に把握できるのではないだろうか。

　同時に4分類の位置づけから志願者数の動きと収支差額の動きが、必ずしも同じ動きを展開していないことにも気づく。もし、完全な比例関係にあるならば、それぞれの大学は第Ⅰ分類あるいは第Ⅲ分類に属し、それ以外の分類には大学が存在しないであろう。だが、実際は第Ⅱ分類や第Ⅳ分類にも多くの大学が属している。こうした現象が生じるのは大学経営に取り組む姿勢が大学ごとに異なっているからだと思われる。

　それでは志願者数の動きと収支差額の動きを好ましい方向に導くにはどうすれば良いのであろうか。次にこの問題を考えていきたい。

第4節　大学経営の新展開

（1）　コストとブランド価値の脆弱な関係

　モデル分析の中で説明したようにブランド価値はコストを伴いながら教育・研究活動を通じて形成され、そのことが大学の収入に影響を及ぼしていく。ブランド価値が高まるほど収入も増えていくので、財務力を示す収支差額は黒字

の傾向を強めていく。こうした好循環を期待しながら、それぞれの大学はブランド価値を生み出す源泉である教育・研究活動に取り組んでいる。

だが、実際は必ずしもブランド価値と財務力は理想的なプラスの関係が成立しているわけではない。大学によっては両者の関係が曖昧なところも存在する。その要因として２つのルートの脆弱性が指摘できる。

一つはコストとブランド価値の形成メカニズムの脆弱性である。ブランド価値の源泉である教育・研究活動を高めるには教職員の増大が必要であり、そのためにコストが上昇する。ところが、教職員を増やしても社会ニーズに応じない動きを展開すればコストだけが増大し、ブランド価値は低迷状態に陥ってしまう。まして教職員の増大だけでなく賃金の上昇も伴えば、コストとブランド価値の乖離はさらに拡大する。こうした負の関係を回避するには世の中の動きを冷静に捉えながら、社会ニーズを反映した教育・研究活動の改善に心掛けなければならない。

この問題の根本的な背景は、大学の閉鎖性にあるのかもしれない。絶えず外部の情報を積極的かつ迅速に取り入れ、時代に合った教育・研究活動を展開できる体制が完備できていれば問題は生じない。ところが、内部の情報だけで判断する客観性に欠けた体制が取られていれば、時代の流れから取り残されてしまう。そうした閉鎖的な体質があるために、社会ニーズを反映した教育・研究活動がなかなか展開されないのではないかと思われる。

大学の核心部分は教育・研究活動の体系を表すカリキュラムにある。学生はカリキュラムに沿って講義を受け、教員はそれに基づいた教育・研究活動を実践し、職員は彼らをサポートすることで大学の使命を果たしていく。そうした中で学問の流れは極めて早く、時代とともに大きく変化していく。大学のカリキュラムはその変化に迅速に対応しなければならないため、大幅な改訂を繰り返していく必要がある。

カリキュラムの改訂は必然的に科目を担当する教員の移動を伴うので、大学の人事は流動的でなければその動きに対応できなくなる。ところが、わが国の大学は教員の雇用体制が硬直的なうえ、学問に対する姿勢も保守的であるた

め、カリキュラムの改訂ばかりでなく教員の移動も円滑に進みにくいのが現状である。これではコストだけが上昇し、肝心要なブランド価値の向上は期待できないであろう。

(2)　ブランド価値と収入の脆弱な関係

　もう一つの脆弱な関係はブランド価値と収入の形成メカニズムである。ブランド価値が高まれば収入も増大すると想定しているが、実際は両者の結び付きが必ずしも明確ではない。好ましい方向に教育・研究活動を展開していても、外部から見て十分に理解されないことが多いからである。学問の性格上、仕方ないかもしれないが、やはり大学は教育・研究活動の実態を社会に向けて積極的にアピールする必要がある。

　確かにそうした指摘は正しいと思われるが、それよりも大学自身が進んで収入を得ようとする姿勢が弱いことに留意すべきである。大学の収入は学生納付金が中心であるため、定員さえ確保できれば安泰である。さらに規模に応じて補助金等が加わるので安定性は増していく。そのため、わざわざ幅広くかつ積極的に外部資金を獲得する必要性が無いのであろう。

　主要私立大学は熾烈な競争の中で多くの新学部・新学科を設立しながら、定員の拡大を目指している。規模の追求は大学経営にとって好ましい結果をもたらすと考えられているからである。だが、いずれ18歳人口の減少から定員増による学生の確保が難しくなってくる。それでも大学の使命である教育・研究活動を通じたブランド価値の追求は無限大である。その使命を果たすには収入の増大が必要不可欠であり、この条件を満たさない限り持続可能な発展は難しい。それゆえ、外部資金の獲得は時間の経過とともに重要度が増していくと思われる。

　一般的に教育・研究活動を担う教員は大学内部に向けて資金を要求する傾向が強い。だが、これからは外部に向けて自らが資金を獲得する動きを強めていかざるを得ない。外部資金による研究費の獲得は代表的な事例であり、今日においても絶えず求められている。そのほかにもさまざまな外部資金の獲得方法

があるように思える。

しばしば見られることであるが、大学で催す講演会やパネルディスカッション等はほとんどが無料で提供されている。また、聴衆者も当然のことのように無料で参加できるものと考えている。大学の諸活動は一般の企業と異なり世間に奉仕するのが使命であるから、そのように解釈しているのであろう。しかし、これからは無料を大原則としていく訳にはいかない。コストを伴う限り、それに見合った収入を得なければならない。また、無料は収支の問題だけでなく、情報を発信する教員にとっても聴衆者にとっても大事な緊張関係を弱めるので好ましいことではない。

大学では多くの聴衆者を対象にする場合が多いが、専門知識を活かす場所としてもっと少人数を相手にしたセミナーと呼ぶ外部での講義も利用できるのではないだろうか。大学は学生から事前に一括して授業料を徴収するが、セミナーでは講義ごとに一定額の受講料を徴収するスタイルを取る。そのため役立つ講義であれば収入が増えるうえ、講義内容の客観的なチェックも同時に行える。これにより教員の持つ専門知識が有効に活かせるであろう。

主要な大学では出版活動も行っている。所属教員が中心となってさまざまな書籍を世に送り出し、売上は出版局を通じて大学の収入となる。教育・研究活動の支えにもつながるので、大学は出版活動にもいままで以上に力を注ぐべきである。現在では所属教員の出版から発生する印税等の管理は行われていないが、これからは大学の収入に反映されるような動きに転じるのが望ましいと思われる。

ほかにも収入に結びつく改善策がいくつも指摘できる。大学は本来の教育・研究活動を繰り広げようとするならば、まずは稼ぐ力が必要である。収入を獲得する発想がない限り、大学運営はいずれ行き詰まってしまう。教員の能力を比較する基準は人によってさまざまであるが、ひとつの指標として稼ぐ力も指摘できる。今日の大学は教員の稼ぐ力は個人の中に押し留められているが、これからは大学に貢献するような動きに転じていかなければならない。

ここでは教員に焦点を充てながら説明したが、同様に学生自身も社会に向け

て積極的にアピールすれば、その成果が何らかの形で大学に還元されていく。ゼミナールでの学生による諸活動がそのまま社会に奉仕するケースは典型的な事例である。さらにスポーツ系学生も単に大学の存在感を高めるだけでは不十分である。観戦料を徴収することで適度な緊張感から自らの身体能力を高めるとともに、大学への収入獲得にも貢献すべきである。

(3) 収入獲得手段としての資産運用

　コストを切り詰めながら高いブランド価値を生み出し、そのことが収入の拡大につながれば、大学は次世代に向けて大きく持続的に発展していく。こうした一連の動きの中で教育・研究活動が収入の確保にそのままつながれば、大学経営は安定化する。逆の見方をすれば収入が確保できないような活動は、経営を不安定化させるので排除すべきだとなる。

　これでは収入に結びつく保証が見出しにくい基礎研究は行えない。研究の醍醐味は基礎研究にあるため、収入に関連づけた発想そのものに疑問を感じる人も多いと思われる。だが、それではいずれ経営が行き詰まってしまう。そこで、経営を安定化しつつ基礎研究も行える有益な手段として、資産運用の重要性が浮かび上がってくる。

　大学基金の一部の資金が資産運用に充てられ、そこから得られた運用収益が授業料納付金、補助金、寄付金と同様に大学の収入を支えている。これならば収入の確保にとらわれない教育・研究活動が展開できる。とりわけ、研究成果が不確実な基礎研究にも活発に取り組むことができる。

　もちろん、資産運用の原資は大学基金に流入する収支差額にあるので、教育・研究活動が収入の増大に結びつかない限り、好循環は続かない。その意味では資産運用は教育・研究活動を収入の制約から完全に解放しているわけではない。あくまでも間接的に制約を緩めているのに過ぎない。

　もし、収入の束縛から完全に逃れようとするならば資産運用の原資を大学基金に求めるのではなく、大学本体から独立した別組織の基金を設けるべきである。これならば自由な教育・研究活動ができる。米国の大学ではこうしたタイ

プの基金を設立し、積極的な資産運用から巨額な運用収益を得ている。その資金が大学本体に流入することで大学経営を支えている。しかも、大学収入の中で資産運用から得られる収入は20%台から40%台に及んでいる。まさに資産運用が大学経営の主要な収入源となっている。

その一方で、資産運用の原資は主として寄付金で成り立っていることにも注目しなければならない。大量の寄付金が多方面から安定的に流入することで分散投資やハイリスクな運用が可能となり、高い運用収益を得ている。それゆえ、寄付金の獲得が資産運用の前提条件となっている。そのためには大学の教育・研究活動が社会ニーズを満たさない限り、寄付金は得られないであろう。やはり、運用資金の受け皿を大学本体から独立したとしても、ブランド価値を高める姿勢は変わらないと思われる。

(4) ヒト・モノ・カネの有効活用

大学の経営資源であるヒトは教職員、モノは施設、カネは運用資金である。これらを有効に活用しながら、収支差額を黒字の状態に保ちつつ、最終目標であるブランド価値を最大化していく。これが実現できれば持続的な発展が可能となる。だが、実際は難しいであろう。なぜなら、恵まれた環境のもとで構築された過去の経営システムが依然として残っているからだ。18歳人口が増え続けた頃の古き良き時代の経営システムが、知らず知らずのうちに取り入れられているように思える。

今日の大学はヒトのコストをコントロールする発想ばかりでなく、ブランド価値の最大化といった発想も受け入れ難いかもしれない。経営のベクトルは理想と違った方向を指し示しているようである。そのほうが摩擦が少ないからであろう。モノの運用も同様であり、施設の有効利用を阻む動きもある。また、カネの運用もリスクを取ることを極端に嫌う傾向が強い。これでは資産運用のメリットがいつまでも活かせないままとなる。

こうした保守的な経営体質は次第に薄れつつあるが、改革が叫ばれるほどの急速な動きは見られていない。大学の組織構造そのものが硬直的であり、しか

第1章　主要私立大学のブランド価値と財務力

も変化を嫌う傾向が強いからであろう。だが、大学を取り巻く環境が厳しくな
るにつれて、変化を受け入れざるを得ない状況に追い込まれているのも事実で
ある。いずれ、ここで指摘した内容が現実のものとして素直に取り入れられて
いくと思われる。

第1部 大学経営の基本的枠組み

付録1-1 大学経営の方程式

	変　数	単　位	定　義
□	ブランド価値		10
□	基本金	JPY	10《JPY》
□	教員		3.30192724889463　or　2.28942848510667
□	職員		2.47644543667097　or　1.71707136383
◐▷	ブランド価値消滅		ブランド価値/5
◐▷	収支差額		収入－コスト
◐▷	教員投入		教員＊成長力
◐▷	職員投入		職員＊成長力
◐▷	教育・研究活動		教員^(2/3)＊職員^(1/3)　or　教員＊職員^(1/2)
○	コスト	JPY	教員人件費＋職員人件費
○	収入	JPY	学生納付金＋寄付金＋補助金＋運用収益
○	学生納付金	JPY	1.1《JPY》＊（1＋ブランド価値/100）
○	寄付金	JPY	0.11《JPY》＊（1＋ブランド価値/100）
○	教員人件費	JPY	教員＊教員賃金
○	職員人件費	JPY	職員＊職員賃金
○	補助金	JPY	0.11《JPY》＊（1＋ブランド価値/100）
○	運用収益	JPY	基本金＊0.001＋0.15《JPY》
◆	成長力		0.01
◆	教員賃金	JPY	0.3《JPY》
◆	職員賃金	JPY	0.2《JPY》

第1章　主要私立大学のブランド価値と財務力

付録1-2（1）　主要私立大学の志願者数

	一般方式					
	13年度	14年度	15年度	16年度	17年度	伸び率
〈北海道・東北地方〉						
北星学園	1,879	1,768	1,978	1,903	1,918	102.1%
北海学園	4,256	3,672	3,681	3,571	4,109	96.5%
東北学院	5,138	5,094	4,981	4,912	5,736	111.6%
〈関東地方〉						
青山学院	42,140	42,121	45,544	46,537	47,751	113.3%
学習院	13,666	14,453	11,798	17,931	18,366	134.4%
北里	11,687	12,409	12,720	12,524	11,853	101.4%
慶應義塾	42,785	42,398	43,352	44,797	44,845	104.8%
工学院	9,461	10,867	11,890	12,310	13,251	140.1%
國學院	12,283	10,770	11,037	12,772	16,854	137.2%
国際基督教	1,657	1,508	1,870	1,581	1,570	94.7%
国士舘	6,822	6,747	8,815	10,701	12,294	180.2%
駒澤	19,049	20,597	19,311	20,184	22,676	119.0%
芝浦工業	18,368	19,226	20,054	18,636	24,131	131.4%
上智	26,566	28,523	31,740	27,748	29,277	110.2%
成蹊	13,989	14,161	12,867	12,643	14,081	100.7%
成城	7,486	7,048	10,976	11,450	9,776	130.6%
専修	20,443	19,418	18,073	21,085	23,881	116.8%
大東文化	8,453	7,108	7,405	7,258	10,534	124.6%
中央	43,078	39,205	38,072	40,155	41,414	96.1%
津田塾	2,025	1,690	1,539	1,575	2,230	110.1%
東海	19,945	21,726	22,163	22,396	24,771	124.2%
東京女子	5,295	4,638	4,405	4,141	4,313	81.5%
東京電機	12,979	9,733	10,266	10,419	11,031	85.0%
東京都市	8,090	8,200	8,043	7,372	6,717	83.0%
東京農業	21,361	21,774	20,174	19,305	24,724	115.7%
東京理科	33,138	32,973	31,467	32,252	35,899	108.3%
東洋	35,238	30,311	33,624	34,886	48,413	137.4%
日本	53,341	58,356	58,186	65,440	72,987	136.8%
日本女子	6,977	6,640	5,982	6,778	6,519	93.4%
法政	59,715	64,024	65,007	70,450	80,701	135.1%
武蔵	8,890	8,918	10,453	9,700	10,665	120.0%

第1部　大学経営の基本的枠組み

| | 一般方式 | | | | | |
	13 年度	14 年度	15 年度	16 年度	17 年度	伸び率
明治	77,746	73,908	73,688	78,330	80,441	103.5%
明治学院	13,011	14,153	13,687	13,610	15,261	117.3%
立教	42,742	40,501	41,998	39,725	41,852	97.9%
早稲田	92,502	90,390	88,880	92,084	98,165	106.1%
〈中部地方〉						
愛知	11,446	11,342	10,768	11,407	12,379	108.2%
中京	15,456	14,604	15,558	14,323	17,868	115.6%
南山	14,197	13,281	13,085	15,465	16,432	115.7%
名城	17,533	18,778	20,115	20,817	21,971	125.3%
〈近畿地方〉						
京都産業	18,080	19,108	19,182	21,756	26,246	145.2%
同志社	41,072	42,340	40,185	40,962	45,395	110.5%
立命館	41,659	42,072	43,923	50,002	50,844	122.0%
龍谷	25,406	26,816	32,736	34,910	36,874	145.1%
関西	57,673	57,135	57,116	56,545	65,353	113.3%
近畿	65,174	71,129	76,283	80,272	102,176	156.8%
関西学院	29,177	29,027	27,382	25,114	28,325	97.1%
甲南	11,725	11,571	10,839	10,247	11,468	97.8%
〈中国・四国地方〉						
広島修道	4,888	4,618	4,081	5,273	5,279	108.0%
松山	5,547	5,144	5,629	5,554	5,422	97.7%
〈九州地方〉						
西南学院	12,969	12,013	11,857	13,714	13,651	105.3%
福岡	32,210	31,132	29,966	31,744	33,104	102.8%

（注1）伸び率（％）は 17 年度／ 13 年度であり、100％未満を網掛けで表示している。
（注2）単位：人
（資料）河合塾が発表する各年度の2月中旬時点での入試情報より。

第1章　主要私立大学のブランド価値と財務力

付録1-2 (2)　主要私立大学の志願者数

	センター利用方式					
	13年度	14年度	15年度	16年度	17年度	伸び率
〈北海道・東北地方〉						
北星学園	844	1,036	1,022	855	834	98.8%
北海学園	1,677	2,096	2,094	1,995	1,817	119.0%
東北学院	3,036	3,296	2,973	3,238	3,235	106.7%
〈関東地方〉						
青山学院	14,423	13,772	14,194	13,313	13,215	92.3%
学習院	＊	＊	＊	＊	＊	
北里	4,966	6,182	4,574	5,117	4,199	103.0%
慶應義塾	＊	＊	＊	＊	＊	
工学院	4,375	4,887	4,752	5,103	6,530	116.6%
國學院	4,544	5,313	5,991	5,412	16,854	119.1%
国際基督教	708	＊	＊	＊	＊	
国士舘	5,935	9,160	6,459	7,811	7,545	131.6%
駒澤	10,906	11,643	10,093	16,331	16,867	149.7%
芝浦工業	14,847	14,958	15,524	12,213	14,467	82.3%
上智	＊	＊	＊	＊	＊	
成蹊	7,837	8,863	8,111	7,910	9,337	100.9%
成城	6,281	5,971	6,409	7,190	6,000	114.5%
専修	11,012	11,310	10,673	11,585	17,271	105.2%
大東文化	5,371	5,513	5,756	6,265	8,913	116.6%
中央	38,635	32,711	30,975	34,268	31,377	88.7%
津田塾	2,203	1,973	2,151	2,189	3,468	99.4%
東海	18,071	17,734	14,915	15,253	16,403	84.4%
東京女子	3,836	3,558	4,090	4,118	4,365	107.4%
東京電機	9,200	8,404	8,025	7,272	7,921	79.0%
東京都市	7,534	7,661	6,539	8,052	8,007	106.9%
東京農業	9,527	10,341	9,032	8,603	9,367	90.3%
東京理科	17,607	18,338	18,579	17,904	16,323	101.7%
東洋	25,392	21,885	39,128	35,130	45,807	138.4%
日本	32,282	32,944	30,945	33,166	32,584	102.7%
日本女子	5,789	5,325	4,271	5,041	4,520	87.1%
法政	29,332	30,785	28,979	31,526	38,505	107.5%
武蔵	3,120	3,718	3,643	3,945	5,558	126.4%

第1部　大学経営の基本的枠組み

	センター利用方式					
	13年度	14年度	15年度	16年度	17年度	伸び率
明治	31,404	30,548	31,533	29,725	32,466	94.7%
明治学院	11,250	11,621	11,427	9,231	9,351	82.1%
立教	28,354	23,433	24,353	20,968	20,803	74.0%
早稲田	14,266	15,034	14,614	15,955	16,818	111.8%
〈中部地方〉						
愛知	4,969	6,251	5,667	6,501	6,001	130.8%
中京	11,275	11,299	11,687	10,210	13,565	90.6%
南山	9,019	9,263	10,657	9,586	8,954	106.3%
名城	10,279	11,717	11,591	13,852	15,805	134.8%
〈近畿地方〉						
京都産業	9,648	10,070	9,114	10,071	12,242	104.4%
同志社	10,229	10,572	9,156	9,157	10,737	89.5%
立命館	32,993	37,029	36,328	37,843	37,131	114.7%
龍谷	7,386	7,602	7,595	8,435	7,820	114.2%
関西	19,225	18,630	17,598	17,254	17,343	89.7%
近畿	16,817	19,944	20,473	20,677	23,873	123.0%
関西学院	14,840	12,748	12,985	11,518	12,882	77.6%
甲南	6,387	7,358	6,560	6,342	5,790	99.3%
〈中国・四国地方〉						
広島修道	2,336	2,252	2,386	3,284	3,698	140.6%
松山	2,007	2,058	1,933	2,201	2,140	109.7%
〈九州地方〉						
西南学院	7,415	7,160	6,517	7,327	7,304	98.8%
福岡	11,799	13,887	12,599	13,650	14,520	115.7%

（注1）伸び率（％）は17年度／13年度であり、100％未満を網掛けで表示している。
（注2）単位：人
（資料）河合塾が発表する各年度の2月中旬時点での入試情報より。

第1章　主要私立大学のブランド価値と財務力

付録1-2(3)　主要私立大学の志願者数

	合　計					
	13年度	14年度	15年度	16年度	17年度	伸び率
〈北海道・東北地方〉						
北星学園	2,723	2,804	3,000	2,758	2,752	101.1%
北海学園	5,933	5,768	5,775	5,566	5,926	99.9%
東北学院	8,174	8,390	7,954	8,150	8,971	109.8%
〈関東地方〉						
青山学院	56,563	55,893	59,738	59,850	60,966	107.8%
学習院	13,666	14,453	11,798	17,931	18,366	134.4%
北里	16,653	18,591	17,294	17,641	16,052	96.4%
慶應義塾	42,785	42,398	43,352	44,797	44,845	104.8%
工学院	13,836	15,754	16,642	17,413	19,781	143.0%
國學院	16,827	16,083	17,028	18,184	24,074	143.1%
国際基督教	2,365	1,508	1,870	1,581	1,570	66.4%
国士舘	12,757	15,907	15,274	18,512	19,839	155.5%
駒澤	29,955	32,240	29,404	36,515	39,543	132.0%
芝浦工業	33,215	34,184	35,578	30,849	38,598	116.2%
上智	26,566	28,523	31,740	27,748	29,277	110.2%
成蹊	21,826	23,024	20,978	20,553	23,418	107.3%
成城	13,767	13,019	17,385	18,640	15,776	114.6%
専修	31,455	30,728	28,746	32,670	41,152	130.8%
大東文化	13,824	12,621	13,161	13,523	19,447	140.7%
中央	81,713	71,916	69,047	74,423	72,791	89.1%
津田塾	4,228	3,663	3,690	3,764	5,698	134.8%
東海	38,016	39,460	37,078	37,649	41,174	108.3%
東京女子	9,131	8,196	8,495	8,259	8,678	95.0%
東京電機	22,179	18,137	18,291	17,691	18,952	85.5%
東京都市	15,624	15,861	14,582	15,424	14,724	94.2%
東京農業	30,888	32,115	29,206	27,908	34,091	110.4%
東京理科	50,745	51,311	50,046	50,156	52,222	102.9%
東洋	60,630	52,196	72,752	70,016	94,220	155.4%
日本	85,623	91,300	89,131	98,606	105,571	123.3%
日本女子	12,766	11,965	10,253	11,819	11,039	86.5%
法政	89,047	94,809	93,986	101,976	119,206	133.9%
武蔵	12,010	12,636	14,096	13,645	16,223	135.1%

第1部　大学経営の基本的枠組み

	合　計					
	13 年度	14 年度	15 年度	16 年度	17 年度	伸び率
明治	109,150	104,456	105,221	108,055	112,907	103.4%
明治学院	24,261	25,774	25,114	22,841	24,612	101.4%
立教	71,096	63,934	66,351	60,693	62,655	88.1%
早稲田	106,768	105,424	103,494	108,039	114,983	107.7%
〈中部地方〉						
愛知	16,415	17,593	16,435	17,908	18,380	112.0%
中京	26,731	25,903	27,245	24,533	31,433	117.6%
南山	23,216	22,544	23,742	25,051	25,386	109.3%
名城	27,812	30,495	31,706	34,669	37,776	135.8%
〈近畿地方〉						
京都産業	27,728	29,178	28,296	31,827	38,488	138.8%
同志社	51,301	52,912	49,341	50,119	56,132	109.4%
立命館	74,652	79,101	80,251	87,845	87,975	117.8%
龍谷	32,792	34,418	40,331	43,345	44,694	136.3%
関西	76,898	75,765	74,714	73,799	82,696	107.5%
近畿	81,991	91,073	96,756	100,949	126,049	153.7%
関西学院	44,017	41,775	40,367	36,632	41,207	93.6%
甲南	18,112	18,929	17,399	16,589	17,258	95.3%
〈中国・四国地方〉						
広島修道	7,224	6,870	6,467	8,557	8,977	124.3%
松山	7,554	7,202	7,562	7,755	7,562	100.1%
〈九州地方〉						
西南学院	20,384	19,173	18,374	21,041	20,955	102.8%
福岡	44,009	45,019	42,565	45,394	47,624	108.2%

（注1）伸び率（％）は17年度／13年度であり、100％未満を網掛けで表示している。

（注2）単位：人

（資料）河合塾が発表する各年度の2月中旬時点での入試情報より。

第1章　主要私立大学のブランド価値と財務力

付録1-3(1)　主要私立大学の収支状況

	事業活動収入（帰属収入）					
	13年3月末	14年3月末	15年3月末	16年3月末	17年3月末	伸び率
〈北海道・東北地方〉						
北星学園	7,179	7,210	7,317	7,157	7,129	99.3%
北海学園	12,162	12,191	11,491	11,753	11,630	95.6%
東北学院	17,725	18,182	17,517	17,166	17,310	97.7%
〈関東地方〉						
青山学院	33,911	34,959	36,945	40,008	39,514	116.5%
学習院	19,916	20,272	19,557	20,209	21,111	106.0%
北里	97,085	98,009	95,799	97,733	96,216	99.1%
慶應義塾	140,937	151,346	150,280	154,520	156,935	111.4%
工学院	12,286	12,445	12,741	12,595	12,873	104.8%
國學院	18,999	19,329	19,878	18,150	18,290	96.3%
国際基督教	7,960	7,599	8,443	8,437	7,899	99.2%
国士舘	19,041	18,698	18,635	18,390	18,501	97.2%
駒澤	20,813	21,709	23,589	23,578	19,743	94.9%
芝浦工業	20,267	19,940	21,146	20,589	19,746	97.4%
上智	22,951	23,250	24,705	23,635	52,040	226.7%
成蹊	15,255	14,734	15,002	14,698	14,491	95.0%
成城	10,629	10,520	11,364	11,308	11,062	104.1%
専修	24,447	24,564	23,706	24,661	24,614	100.7%
大東文化	17,002	16,454	17,253	15,839	15,525	91.3%
中央	43,430	42,869	43,498	43,408	45,120	103.9%
津田塾	3,997	4,009	3,873	3,784	3,851	96.4%
東海	141,015	141,485	138,796	139,112	142,413	101.0%
東京女子	5,574	5,336	5,415	6,603	5,683	102.0%
東京電機	17,640	17,183	17,407	17,319	17,465	99.0%
東京都市	17,709	21,074	19,719	19,737	19,651	111.0%
東京農業	26,948	26,606	26,395	25,920	26,175	97.1%
東京理科	36,028	36,876	36,237	36,551	36,288	100.7%
東洋	39,944	39,090	39,683	40,532	41,620	104.2%
日本	186,999	184,751	184,793	188,204	194,671	104.1%
日本女子	15,094	12,993	12,759	12,926	12,934	85.7%
法政	47,338	46,204	46,553	46,330	50,354	106.4%
武蔵	7,266	7,330	7,313	7,260	7,526	103.6%

33

第1部　大学経営の基本的枠組み

| | 事業活動収入（帰属収入） | | | | | |
	13年3月末	14年3月末	15年3月末	16年3月末	17年3月末	伸び率
明治	51,113	52,691	53,520	58,570	52,587	102.9%
明治学院	18,631	18,601	18,598	18,684	19,249	103.3%
立教	33,139	32,479	33,233	33,487	35,134	106.0%
早稲田	97,604	100,892	101,488	104,955	101,282	103.8%
〈中部地方〉						
愛知	11,681	12,259	12,514	12,902	12,372	105.9%
中京	19,109	19,182	19,402	19,140	19,019	99.5%
南山	19,037	19,472	18,373	18,632	26,765	140.6%
名城	24,932	25,169	25,492	25,240	24,833	99.6%
〈近畿地方〉						
京都産業	19,386	19,644	20,410	19,836	19,636	101.3%
同志社	60,311	61,168	60,297	60,180	59,476	98.6%
立命館	76,245	76,494	78,218	79,526	79,772	104.6%
龍谷	24,797	25,355	25,355	33,306	29,334	118.3%
関西	49,786	50,013	51,948	50,741	52,755	106.0%
近畿	129,855	133,197	133,014	137,419	135,647	104.5%
関西学院	38,957	39,077	40,097	39,211	40,387	103.7%
甲南	14,090	14,174	13,635	13,823	14,311	101.6%
〈中国・四国地方〉						
広島修道	8,705	9,050	9,022	15,365	9,765	112.2%
松山	7,012	6,945	7,047	6,935	7,043	100.4%
〈九州地方〉						
西南学院	11,974	11,916	12,240	12,608	12,786	106.8%
福岡	71,207	72,631	74,233	75,860	74,603	104.8%

（注1）伸び率（％）は17年3月末／13年3月末であり、100％未満を網掛けで表示している。

（注2）単位：百万円

（注3）週刊東洋経済「本当に強い大学」（各年度版）と各大学のHPより。

第1章　主要私立大学のブランド価値と財務力

付録1-3(2)　主要私立大学の収支状況

	事業活動支出（消費支出）					
	13年3月末	14年3月末	15年3月末	16年3月末	17年3月末	伸び率
〈北海道・東北地方〉						
北星学園	6,597	7,151	7,212	7,103	7,038	106.7%
北海学園	11,380	11,620	11,230	11,561	11,840	101.6%
東北学院	16,757	17,544	16,344	16,185	16,419	96.6%
〈関東地方〉						
青山学院	34,765	33,715	33,016	33,490	34,596	96.3%
学習院	18,821	18,761	18,863	19,044	19,623	101.2%
北里	92,561	94,504	107,881	104,615	97,445	113.0%
慶應義塾	135,646	146,611	138,599	143,603	145,698	105.9%
工学院	11,682	11,950	12,084	11,613	11,734	99.4%
國學院	15,572	15,463	15,876	15,770	16,177	101.3%
国際基督教	9,027	8,579	8,823	8,813	8,680	97.6%
国士舘	18,590	21,478	18,206	17,415	17,180	93.7%
駒澤	18,364	18,827	18,529	18,057	18,128	98.3%
芝浦工業	18,364	17,516	17,949	17,943	18,029	97.7%
上智	21,277	21,238	21,128	21,677	26,102	101.9%
成蹊	14,333	13,687	14,974	14,107	13,636	98.4%
成城	9,534	9,641	9,994	10,054	10,693	105.5%
専修	24,843	24,419	24,499	25,986	24,134	104.6%
大東文化	16,077	16,204	15,970	15,712	15,450	97.7%
中央	41,663	41,469	41,212	41,333	41,672	99.2%
津田塾	3,664	3,822	3,726	3,997	3,686	109.1%
東海	134,833	137,572	136,824	139,129	142,014	103.2%
東京女子	5,382	5,324	5,151	5,450	5,193	101.3%
東京電機	17,842	16,321	16,449	16,356	16,423	91.7%
東京都市	15,450	17,268	17,855	17,624	18,237	71.0%
東京農業	23,705	25,536	24,353	23,691	24,234	99.9%
東京理科	35,037	35,798	36,547	38,917	47,150	111.1%
東洋	32,248	38,561	35,148	34,584	35,779	107.2%
日本	184,943	181,372	187,519	186,498	188,518	100.8%
日本女子	12,089	12,175	12,261	12,162	11,905	100.6%
法政	44,826	45,091	45,225	45,338	45,103	101.1%
武蔵	6,940	7,027	6,796	6,714	6,760	96.7%

第1部　大学経営の基本的枠組み

| | 事業活動支出（消費支出） | | | | | |
	13年3月末	14年3月末	15年3月末	16年3月末	17年3月末	伸び率
明治	51,085	54,500	55,160	57,947	51,123	113.4%
明治学院	16,173	16,566	16,697	16,178	16,670	100.0%
立教	31,983	32,674	32,415	32,119	32,003	100.4%
早稲田	94,323	94,323	96,159	95,814	94,632	101.6%
〈中部地方〉						
愛知	10,854	16,763	10,846	10,625	11,213	97.9%
中京	18,003	19,052	18,070	17,415	17,501	96.7%
南山	22,846	16,594	16,719	16,846	18,248	73.7%
名城	22,410	23,861	23,297	23,883	24,281	106.6%
〈近畿地方〉						
京都産業	18,060	18,778	19,000	18,313	18,861	101.4%
同志社	54,290	55,758	56,518	56,923	56,895	104.9%
立命館	69,820	71,890	77,775	73,847	75,181	105.8%
龍谷	24,545	24,273	24,909	27,909	28,045	113.7%
関西	46,059	47,030	48,981	48,225	50,852	104.7%
近畿	118,544	122,644	125,669	129,075	128,546	108.9%
関西学院	34,268	34,512	36,192	36,621	37,257	106.9%
甲南	14,197	13,604	13,483	13,524	13,622	95.3%
〈中国・四国地方〉						
広島修道	8,085	8,782	8,239	9,581	9,175	113.5%
松山	6,515	6,492	6,714	6,332	6,720	97.2%
〈九州地方〉						
西南学院	11,429	11,261	11,665	11,668	12,052	102.1%
福岡	70,801	72,193	71,247	73,806	73,422	104.2%

（注1）伸び率（%）は17年3月末／13年3月末であり、100%未満を網掛けで表示している。

（注2）単位：百万円

（注3）週刊東洋経済「本当に強い大学」（各年度版）と各大学のHPより。

第1章 主要私立大学のブランド価値と財務力

付録1-3（3） 主要私立大学の収支状況

	基本金組入前収支差額					
	13年3月末	14年3月末	15年3月末	16年3月末	17年3月末	差分
〈北海道・東北地方〉						
北星学園	583	60	105	54	91	▲ 491
北海学園	782	571	261	192	▲ 210	▲ 992
東北学院	968	638	1,173	980	891	▲ 77
〈関東地方〉						
青山学院	▲ 854	1,244	3,929	6,518	4,918	5,772
学習院	1,095	1,511	695	1,164	1,488	393
北里	4,524	3,505	▲ 12,082	▲ 6,882	▲ 1,230	▲ 5,754
慶應義塾	5,291	4,735	11,682	10,917	11,237	5,946
工学院	604	496	657	982	1,139	535
國學院	3,427	3,866	4,002	2,380	2,113	▲ 1,314
国際基督教	▲ 1,057	▲ 980	▲ 380	▲ 376	▲ 781	276
国士舘	451	▲ 2,780	429	975	1,321	870
駒澤	2,449	2,882	5,061	5,522	1,615	▲ 834
芝浦工業	1,903	2,424	3,197	2,646	1,718	▲ 185
上智	1,674	2,012	3,576	1,958	25,939	24,265
成蹊	922	1,047	28	591	856	▲ 66
成城	1,095	879	1,370	1,254	369	▲ 726
専修	▲ 396	145	▲ 793	▲ 1,325	480	876
大東文化	925	250	1,283	126	75	▲ 850
中央	1,767	1,400	2,286	2,076	3,448	1,681
津田塾	333	187	147	▲ 213	165	▲ 168
東海	6,182	3,913	1,972	▲ 16	399	▲ 5,783
東京女子	192	12	264	1,153	490	298
東京電機	▲ 202	862	958	963	1,042	1,244
東京都市	2,259	3,806	1,864	1,871	1,414	▲ 845
東京農業	3,243	1,070	2,042	2,228	1,940	▲ 1,303
東京理科	991	1,078	▲ 310	▲ 2,365	▲ 10,862	▲ 11,853
東洋	7,696	529	4,535	5,947	5,841	▲ 1,855
日本	2,056	3,379	▲ 2,726	1,706	6,152	4,096
日本女子	3,005	818	498	764	1,028	▲ 1,977
法政	2,512	1,113	1,329	992	5,251	2,739
武蔵	326	303	517	546	766	440

	基本金組入前収支差額					
	13年3月末	14年3月末	15年3月末	16年3月末	17年3月末	差分
明治	28	▲ 1,809	▲ 1,640	623	1,464	1,436
明治学院	2,458	2,035	1,901	2,506	2,579	121
立教	1,156	▲ 195	818	1,368	3,131	1,975
早稲田	3,281	6,569	5,329	9,141	6,650	3,369
〈中部地方〉						
愛知	827	▲ 4,504	1,668	2,277	1,159	332
中京	1,106	130	1,332	1,725	1,517	411
南山	▲ 3,809	2,878	1,654	1,785	8,517	12,326
名城	2,522	1,308	2,195	1,357	552	▲ 1,970
〈近畿地方〉						
京都産業	1,326	866	1,410	1,523	775	▲ 551
同志社	6,021	5,410	3,778	3,257	2,581	▲ 3,440
立命館	6,425	4,604	444	5,679	4,591	▲ 1,834
龍谷	252	1,082	446	5,397	1,289	1,037
関西	3,727	2,983	2,959	2,515	1,903	▲ 1,824
近畿	11,311	10,553	7,345	8,344	7,101	▲ 4,210
関西学院	4,689	4,565	3,905	2,589	3,130	▲ 1,559
甲南	▲ 107	570	152	299	689	796
〈中国・四国地方〉						
広島修道	620	268	783	5,784	590	▲ 30
松山	497	453	333	603	323	▲ 174
〈九州地方〉						
西南学院	545	655	575	940	734	189
福岡	406	438	2,986	2,054	1,181	775

（注1）差分は17年3月末から13年3月末を差し引いた数値であり、マイナスの数値を網
　　　掛けで表示している。
（注2）単位：百万円
（注3）週刊東洋経済「本当に強い大学」（各年度版）と各大学のHPより。

第2章　主要私立大学の役立つ経営指標

第1節　私立大学の改訂された決算書

　私立大学を取り巻く経営環境は年々厳しさを増している。その経済的背景としてわが国の急激な少子化現象が挙げられる。大学入学年齢である 18 歳人口の推移を見ると、1992 年の 205 万人に対して、2014 年には 118 万人まで減り続けている。そのため大学経営の改革が絶えず求められている。

　文部科学省が 2015 年度から私立大学の会計基準を大幅に変えたのは、まさに厳しい経営環境に立たされた私立大学に迅速で適切な経営改革を促すのが根本的な目的であったように思われる。従来の決算書と比べて大きく変わった点は、一般企業の損益計算書に相当する事業活動収支計算書の出現である。いままでは消費収支計算書と呼ばれていたが、活動区分ごとに収支が明確に把握できる工夫が全面的に行われているため、名称も変更されたのである。

　これにより決算書を構成する資金収支計算書や貸借対照表が加わることで、大学経営を展開するうえで改善すべき点が明らかになろう。また、私立大学も国立大学法人と同様に補助金を受けているので国民に向けた説明責任を果たす必要がある。その意味からも改訂された決算書は好ましいと言える。

　だが、いくら私立大学の決算書が改定されたことで従来よりも経営内容が把握しやすくなったと言っても、やはり財務を担当する一部の担当者しか理解できないのが現状ではないだろうか。決算書は依然として複雑であり、一般企業のそれに比べても特殊な存在である。通常の人達は言うまでもなく、多くの大

学関係者さえも決算書の内容を正確に読み取るのが難しい。これでは大学経営の改善を促す力が失われてしまう。

確かに私立大学の決算書は複雑であり、様々な項目に数字が羅列されているので、理解しにくい。しかしながら、その中から重要な項目だけを取り出し、いくつかの経営指標を作成さえすれば、誰でも経営実態が簡単に把握できる。これにより大学経営の改善点も指摘できるであろう。

したがって、本章では私立大学の決算書からこれらの経営指標を作成したい。ただ、具体的な方法を説明するだけでは実感が湧かないので、わが国を代表する主要私立大学19校を対象にしながらそれぞれの経営指標を紹介する。これにより理解が深まるだけでなく、大学間の経営比較も可能となろう。

作成する経営指標はすでに一般企業で活用されているものと基本的に同じであり、収益性指標、健全性指標、そして成長性指標が中心となる。さらにこれらの経営指標を踏まえたうえで独自の経営指標も紹介したい。ここで提言する新たな経営指標は単純明快であり、大学関係者にとって極めて役立つものである。これにより大学経営の短期および長期の姿がすぐに把握できると思われる。

いままで大学は一般企業と異なった特殊な存在として位置づけられてきたようである。そのため、経営指標を作成することなど考えられなかった。しかし、今日ではむしろ同等に捉える方が自然である。経営努力を怠れば、大学であれ一般企業であれ淘汰されてしまうからだ。それゆえ、大学についても経営指標を適用する試みは決して誤ったことではないだろう。

なお、データとして利用する主要私立大学とは早慶上理（早稲田大学、慶應義塾大学、上智大学、東京理科大学）の4大学、GMARCH（学習院大学、明治大学、青山学院大学、立教大学、中央大学、法政大学）の6大学、関関同立近（関西大学、関西学院大学、同志社大学、立命館大学、近畿大学）の5大学、日東駒専（日本大学、東洋大学、駒澤大学、専修大学）の4大学の、合計19校である。受験生にとっても馴染み深い大学であり、わが国を代表する大規模な大学であることは誰もが認めるであろう。

ただし、これらの慣用的な括りは単に一部の受験界で用いられているものに過ぎない。私立大学は独自の教育理念に基づいて運営されているので、複数の大学をグループ化してとらえるのは難しい。これから展開する経営指標からも明らかにされるように、受験界の括りとはまったく違った主要私立大学の姿が描かれると思う。

なお、本章の最後に新しい経営指標の延長線上の議論として、100年後の大学財政を占ってみたい。この問題を考えることで大学が長期にわたって持続的発展を遂げるには、収入構造を転換しなければならないことに気づくであろう。学生生徒等納付金に全面的に依存した今日の収入構造では、いずれ限界が訪れることが予想される。それを補完するのが米国の大学で実践されている資産運用であることも指摘したい。

第2節　経営指標の作成

(1)　事業活動収支計算書と貸借対照表

まず、2015年度から始まった新しい決算書の中で経営指標を作成するうえで必要な事業活動収支計算書（旧消費収支計算書）と貸借対照表を並べると、図表2-1のようになる。

事業活動収支計算書では、大学の事業活動ごとの収支状況が表示されている。教育活動収支は本業の教育活動にかかわる収支であり、具体的には学生生徒等納付金、寄付金、補助金等の収入から、人件費、教育研究経費、管理経費等を引いた金額である。一方、教育活動外収支は財務活動や収益事業にかかわる収支を表し、受取利息・配当金や収益事業収入等から借入金利息や収益事業支出等を引いた金額である。

経常収支はこれら教育活動収支と教育活動外収支を加えたものである。この金額に特別収支を加えたものが、基本金組入前当年度収支差額である。特別収支は臨時の収支を表し、資産売却差額等から資産処分差額等を引いたものである。したがって、基本金組入前当年度収支差額はすべての活動から生み出され

第1部　大学経営の基本的枠組み

図表2-1　私立大学の決算書

（Ⅰ）事業活動収支計算書
①経常収支
教育活動収支
教育活動外収支
受取利息・配当金
②特別収支
資産売却差額
資産処分差額
③基本金組入前当年度収支差額（＝①＋②）
④基本金組入額
⑤当年度収支差額（＝③－④）

（Ⅱ）貸借対照表
①資　産
有形固定資産
特定資産　その他の固定資産
流動資産
②負　債
固定負債
流動負債
③純資産
基本金
繰越収支差額

た利益を示すことになる。過去において帰属収支差額と呼ばれていたものであり、企業会計では当期純利益に相当する。

　大学が将来にわたって発展し続けていくには、一般企業と同様に投資が不可欠である。そのため基本金組入額が発生し、これにより教育研究活動に必要な施設や設備が充実していく。当年度収支差額は基本金組入後の最終的な収支を意味し、以前の計算書では消費収支差額に相当する項目である。

　それに対して貸借対照表は過去の計算書とほぼ同じである。資産は有形固定資産、特定資産、その他の固定資産、流動資産から成り立ち、負債は固定負債と流動負債から構成されている。このうち資産運用資金は特定資産とその他の固定資産と流動資産を加えた金額に等しいと想定している。

　純資産は資産と負債の差額であり、基本金と繰越収支差額を加えたものである。繰越収支差額は赤字である場合が多いので、純資産は基本金よりも金額が小さい傾向にある。基本金組入前当年度収支差額が赤字であれば繰越収支差額の赤字は増え続け、純資産は減少していく。逆の場合は純資産が増えていく。そのため、純資産の変化を観測するだけでも大学の経営状態が簡単に把握でき

ることになる。

(2)　主要な経営指標

　次に事業活動収支計算書と貸借対照表から重要な経営指標を作成することにしよう。経営を判断する基本は、収益性と健全性にある。そこで収益性指標としてROE、健全性指標として自己資本比率を定義づけることにしたい。

　　収益性指標・・・ROE（％）
　　　　　　　　　＝基本金組入前当年度収支差額／純資産×100

　　健全性指標・・・自己資本比率（％）
　　　　　　　　　＝純資産／資産×100

　純資産は自己資本であり、そこからどれだけの利益が生み出されているかを見たのが、収益性指標のROEである。また、すべての資産に対して純資産がどれだけの割合を占めているかを見たのが、自己資本比率である。言うまでもなくROEと自己資本比率がともに高ければ、優れた経営状態にあると判断できる。

　主要私立大学の2016年3月末のデータからROEと自己資本比率の組み合わせを大学ごとに描いたものが、図表2-2の散布図である。大学により収益性と健全性に偏りが見られるせいか、全体的に負の相関が見られる。（相関係数＝▲0.202）

　経営状態を把握することは重要であり、そのことを十分に認識しておく必要がある。だが、それだけでは将来に向けた大学の姿が見えない。絶えず成長を続けていくには投資が必要であり、これを怠ればいずれ大学の経営は次第に悪化していくであろう。そこで、大学経営の現状だけでなく成長性についても観察しておかなければならない。そのための経営指標が経営力指標と成長性指標である。

第1部 大学経営の基本的枠組み

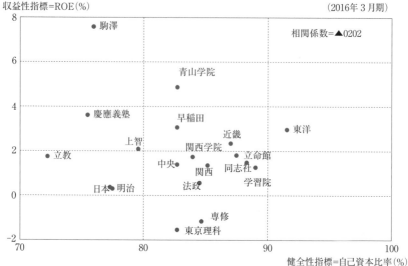

図表2-2 主要私立大学のROEと自己資本比率

経営力指標・・・ROA（％）

= 基本金組入前当年度収支差額／資産×100

成長性指標・・・基本金組入率（％）

= 基本金組入額／収入×100

= 基本金組入額／（教育活動収支の収入＋教育活動外収支の収入＋特別収支の収入）×100

経営力指標とは収益性指標のROEと健全性指標の自己資本比率を統合したものであり、それは一般企業の経営力を推し量るROAに当たる。なぜなら、次のような式が成立するからである。

ROA（％）= ROE×自己資本比率

= （基本金組入前当年度収支差額／純資産）×（純資産／資産）×100

= 基本金組入前当年度収支差額／資産×100

それに対して成長性指標は全収入に対する基本金組入額として示される。基本金組入は施設や設備を充実させるための資金であり、大学が将来に向けて成長するための投資活動である。基本金組入が積極的に行われれば成長が期待できるので、この成長性指標の数値にも注目しなければならない。

 図表2-3は先ほどと同様に主要私立大学を対象に、経営力指標と成長性指標の散布図を描いたものである。全体的に見て経営力指標と成長性指標が正の関係にあるように見える。つまり、経営力が高い大学は成長性も高く、逆に経営力が低い大学は成長性も低く位置づけられている。当然の姿が映し出されていると思われる。（相関係数＝0.301）

(3) 資産運用指標

 今日の私立大学は資産運用にも熱心に取り組んでいる。いつまでも学生からの学生生徒等納付金に全面的に依存するわけにはいかないからであろう。それにもかかわらず資産運用の成果は明確な形で公表されていない。そこで、限られたデータから2種類の資産運用指標を定義づけることにしたい。

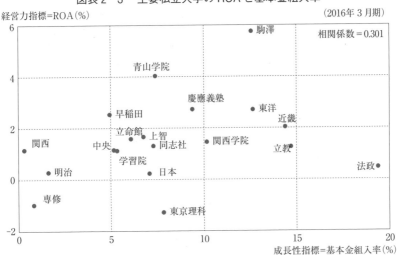

図表2-3 主要私立大学のROAと基本金組入率

第1部　大学経営の基本的枠組み

資産運用指標（1）・・・直接利回り（％）

　　　　　＝教育活動外収支の受取利息・配当金／資産運用資金×100

　　　　　＝教育活動外収支の受取利息・配当金／（特定資産＋その他固定資産＋流動資産）×100

資産運用指標（2）・・・総合利回り（％）

　　　　　＝直接利回り＋キャピタル損益率

　　　　　＝（教育活動外収支の受取利息・配当金＋特別収支の資産売却差額－特別収支の資産処分差額）／資産運用資金×100

　　　　　＝（教育活動外収支の受取利息・配当金＋特別収支の資産売却差額－特別収支の資産処分差額）／（特定資産＋その他固定資産＋流動資産）×100

図表2-4は主要私立大学のデータから、直接利回りと総合利回りの散布図

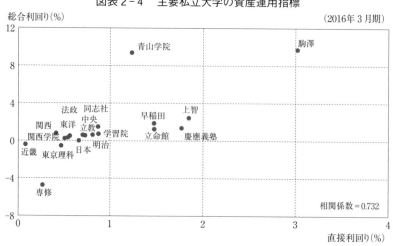

図表2-4　主要私立大学の資産運用指標

を描いたものである。直接利回りが高い大学は総合利回りも高い傾向が読み取れる。運用成果はその時の経済環境に大きく作用されるので、ひとつの年度によって大学の運用姿勢を決定づけるのは難しいが、一部の大学は昔からリスク性の高い運用を展開している。そのことがここで取り上げた散布図でも表れているようである。(相関係数＝0.732)

第3節　私立大学の経営モデル

(1) 大学経営のメカニズム

いままで私立大学の決算書から主要な経営指標を作成してきたが、今度はこれらの経営指標がどのような要因に影響を受けるのかを具体的に見ていきたい。図表2-5はシステムダイナミックス・ソフトのPowersim Studioを用いて、私立大学の経営メカニズムを描いたものである。

最初に大学経営のメカニズムから見ていこう。ここでは「**教育活動収支**」が規模の大きさを表す「**純資産**」と収益率を表す「**教育活動**」によって決定づけられている。教育活動の収益率は不確実であるため、期待値と標準偏差が与え

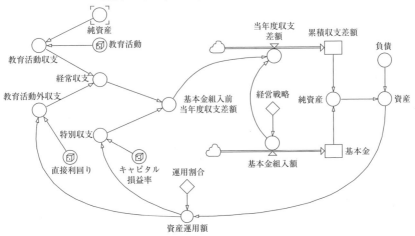

図表2-5　私立大学の経営メカニズム(1)

第1部　大学経営の基本的枠組み

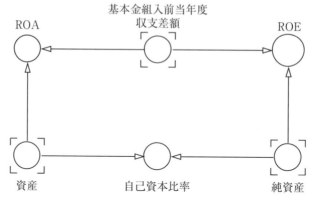

図表2-6　主要な経営指標

られている。それゆえ、教育活動収支は変動を伴う。同様に「**教育活動外収支**」も不確実な「**直接利回り**」と「**資産運用額**」から変動を伴う。ただし、ここでは受取利息・配当金のみに注目している。

　これら2種類の収支を加えることから「経常収支」が生じる。さらに不確実な「キャピタル損益率」と資産運用額から「特別収支」が得られ、経常収支と合わさることで「基本金組入前当年度収支差額」が得られる。なお、資産運用額は「資産」に「運用割合」を掛けた金額として扱っている。

　大学が持続的に発展するには、「経営戦略」から一定額の「基本金組入額」が「基本金」に流入していかなければならない。この時点で「当年度収支差額」が決定し、「繰越収支差額」に上乗せされる。これにより純資産と「負債」から全体の資産が形成される。こうしたメカニズムを通じて大学経営が展開されていく。

　図表2-6はこの中から重要項目を取り出すことで、経営指標の作成方法を示している。つまり、基本金組入前当年度収支差額、純資産、資産を組み合わせることから、「ROE」、「ROA」、「自己資本比率」を導出している。

(2)　3種類のケースのシミュレーション

　私立大学の経営メカニズムと経営指標の作成方法がわかったところで、以下

第2章　主要私立大学の役立つ経営指標

の3種類のケースについてシミュレーションを試みることにしよう。なお、このモデルの種々の設定条件は章末の付録2-1にまとめられている。参考にしてもらいたい。

　　ケース①　教育活動収支の利益率・・・・・・・・・・期待値0.5%
　　　　　　　経営戦略による基本金組入額・・・・・・・・・0.5

　　ケース②　教育活動収支の利益率・・・・・・・・・・期待値0.5%
　　　　　　　経営戦略による基本金組入額・・・・・・・・・1.0

　　ケース③　教育活動収支の利益率・・・・・・・・・・期待値0.8%
　　　　　　　経営戦略による基本金組入額・・・・・・・・・1.0

　図表2-7は3種類のケースのシミュレーションをまとめたものである。教育活動収支の利益率と経営戦略による基本金組入額の組み合わせの違いによって、事業活動収支計算書、貸借対照表そして経営指標の主要項目がどのように変化するかを示している。

　このうちケース①とケース②は教育活動収支の利益率の期待値が同じであるが、基本金組入額は異なっている。だが、結果を見ると、当年度収支差額、基本金そして繰越収支差額を除くすべての項目で同じ数値が得られている。基本金組入前当年度収支差額、純資産、資産といった経営実態を表す重要な項目は、2つのケースでまったく変わらない。それゆえ、自己資本比率、ROE、ROAといった経営指標も同様に変化が見られない。

　今度はケース②とケース③に注目しよう。ここでは基本金組入額が同じであるが、教育活動収支の利益率の期待値は異なっている。その結果、基本金は同じ数値が出ているが、それ以外の項目は異なっている。当年度収支差額や繰越収支差額ばかりでなく、基本金組入前当年度収支差額、純資産、資産といった経営実態を表す重要な項目も異なった数値が示されている。そのため、自己資

49

第１部　大学経営の基本的枠組み

図表2-7　3種類のケースのシミュレーション

	ケース	収益率	基本金組入額	0期	20期	40期	60期	80期	100期
【Ⅰ】事業活動収支計算書									
（1）教育活動収支	①	0.5%	0.5	0.47	0.45	0.47	0.59	0.49	0.70
	②	0.5%	1.0	0.47	0.45	0.47	0.59	0.49	0.70
	③	0.8%	1.0	0.71	0.76	0.87	1.10	1.10	1.49
（2）教育活動外収支	①	0.5%	0.5	0.06	0.03	0.03	0.05	0.00	0.06
	②	0.5%	1.0	0.06	0.03	0.03	0.05	0.00	0.06
	③	0.8%	1.0	0.06	0.03	0.03	0.06	0.00	0.08
（3）経常収支	①	0.5%	0.5	0.06	0.03	0.03	0.05	0.00	0.06
	②	0.5%	1.0	0.06	0.03	0.03	0.05	0.00	0.06
	③	0.8%	1.0	0.06	0.03	0.03	0.06	0.00	0.08
（4）特別収支	①	0.5%	0.5	0.24	▲ 0.04	▲ 0.12	0.12	▲ 0.47	0.08
	②	0.5%	1.0	0.24	▲ 0.04	▲ 0.12	0.12	▲ 0.47	0.08
	③	0.8%	1.0	0.24	▲ 0.04	▲ 0.13	0.13	▲ 0.58	0.10
（5）基本金組入前当年度収支差額	①	0.5%	0.5	0.77	0.44	0.39	0.76	0.03	0.84
	②	0.5%	1.0	0.77	0.44	0.39	0.76	0.03	0.84
	③	0.8%	1.0	1.01	0.75	0.77	1.30	0.52	1.67
（6）当年度収支差額	①	0.5%	0.5	0.27	▲ 0.06	▲ 0.11	0.26	▲ 0.47	0.34
	②	0.5%	1.0	▲ 0.23	▲ 0.56	▲ 0.61	▲ 0.24	▲ 0.97	▲ 0.16
	③	0.8%	1.0	0.01	▲ 0.25	▲ 0.23	0.30	▲ 0.48	0.67
【Ⅱ】貸借対照表									
（7）基本金	①	0.5%	0.5	100.0	110.0	120.0	130.0	140.0	150.0
	②	0.5%	1.0	100.0	120.0	140.0	160.0	180.0	200.0
	③	0.8%	1.0	100.0	120.0	140.0	160.0	180.0	200.0
（8）繰越収支差額	①	0.5%	0.5	▲ 20.0	▲ 19.7	▲ 20.7	▲ 20.1	▲ 16.8	▲ 16.2
	②	0.5%	1.0	▲ 20.0	▲ 29.7	▲ 40.7	▲ 50.1	▲ 56.8	▲ 66.2
	③	0.8%	1.0	▲ 20.0	▲ 24.2	▲ 28.1	▲ 28.6	▲ 23.7	▲ 19.7
（9）純資産	①	0.5%	0.5	80.0	90.3	99.3	109.9	123.2	133.8
	②	0.5%	1.0	80.0	90.3	99.3	109.9	123.2	133.8
	③	0.8%	1.0	80.0	95.8	111.9	131.4	156.3	180.3
（10）資産	①	0.5%	0.5	100.0	110.3	119.3	129.9	143.2	153.8
	②	0.5%	1.0	100.0	110.3	119.3	129.9	143.2	153.8
	③	0.8%	1.0	100.0	115.8	131.9	151.4	176.3	200.3
【Ⅲ】経営指標									
（11）資産運用額	①	0.5%	0.5	30.0	33.1	35.8	39.0	43.0	46.2
	②	0.5%	1.0	30.0	33.1	35.8	39.0	43.0	46.2
	③	0.8%	1.0	30.0	34.7	39.6	45.4	52.9	60.1
（12）自己資本比率	①	0.5%	0.5	80.0	81.9	83.2	84.6	86.0	87.0
	②	0.5%	1.0	80.0	81.9	83.2	84.6	86.0	87.0
	③	0.8%	1.0	80.0	82.7	84.8	86.8	88.7	90.0
（13）ROE	①	0.5%	0.5	0.96	0.49	0.39	0.69	0.02	0.63
	②	0.5%	1.0	0.96	0.49	0.39	0.69	0.02	0.63
	③	0.8%	1.0	1.26	0.79	0.69	0.99	0.33	0.92
（14）ROA	①	0.5%	0.5	0.77	0.40	0.32	0.59	0.02	0.55
	②	0.5%	1.0	0.77	0.40	0.32	0.59	0.02	0.55
	③	0.8%	1.0	1.01	0.65	0.59	0.86	0.30	0.83

本比率、ROE、ROA といった経営指標も変化している。

　このことから大学経営の実態に影響を及ぼすのは教育活動収支の利益率であり、基本金組入額でないことがわかる。それにもかかわらず、多くの大学で毎期ごとに基本金組入額が計上されているのは、利益率の上昇に結びつくと考えているからであろう。確かに立派な施設が拡充されれば大学経営はあらゆる面で改善され、そのことが利益率の向上に結びつくと思われる。

　だが、利益率に関係なく施設の拡充だけを目標にするような運営を繰り広げれば、まったく意味がない。基本金そのものは大きくなるが、繰越収支差額の赤字も増大するため、純資産は変わらないままである。これでは大学経営にとって好ましいことではない。反対に基本金繰入額がゼロであっても利益率が上昇すれば、繰越収支差額の赤字は減少するので、純資産は増大する。したがって、大学経営を冷静に判断するには、利益率そのものに注目しなければならないことがわかる。

第4節　図で見る役立つ経営指標

(1)　短期経営指標—教員一人当たり利益と資産の関係—

　大学経営にとって重要な要因は教育活動収支の利益率であり、この数値を伸ばしていく必要がある。これにより経営指標が一層改善され、大学が持続的に発展していく。もちろん、教育活動外収支ならびに特別収支の利益も同様に数値を伸ばせば、経営指標は改善する。ただ、これらの収支は不確実な要因に晒されているのでコントロールしにくいうえ、収支への貢献度合はいまの段階では小さい。やはり基本は教育活動収支の利益率であろう。

　この数値を高めていくには、理事会が経営能力を発揮しなければならないことは言うまでもない。だが、その一方で教育活動を担う大学教員も率先して取り組まなければならない。教員による収支改善への意識が高まれば経営は好ましい状態に向かい、逆の方向に進めば悪化する。そこで、教員が利益にどれだけ貢献しているかを資産との関係から見ていくことにしたい。

第 1 部　大学経営の基本的枠組み

　図表 2 - 8 は教員一人当たり利益と資産の関係を描いたものである。ここで
は横軸に教員一人当たり資産を取り、縦軸に教員一人当たり利益を置きなが
ら、いままでと同様に主要私立大学のデータをそれぞれの座標に沿ってプロッ
トしている。（相関係数＝0.174）　つまり、横軸は教員に対して施設や設備が
どれだけ充実しているかを見たものであり、その中で教員がどれだけの利益を
生み出しているかを表しているのが縦軸である。なお、教員数はデータの制約
から前年度の数値を用いている。また、ここで言う利益とは基本金組入前当年
度収支差額である。

　定義からも明らかなように原点からの傾き（θ）は ROA を示している。な
ぜなら、利益／教員数＝θ・資産／教員数から θ＝利益／資産＝ROA が成立
するからである。したがって、単純に解釈すれば上方に位置する大学ほど、教
員が施設や設備を有効に活かしながら効率的な運営を展開していると言える。
逆に、下方に位置する大学は施設や設備を有効に活かし切れてないと解釈でき
る。

　ROA は大学経営を見るうえで有効な経営指標であるが、教員に及ぼす刺激
といった点では弱い。だが、教員一人当たり利益と資産の関係を眺めれば、経

図表 2 - 8　主要私立大学の短期経営指標―教員一人当たりの利益と資産の関係―

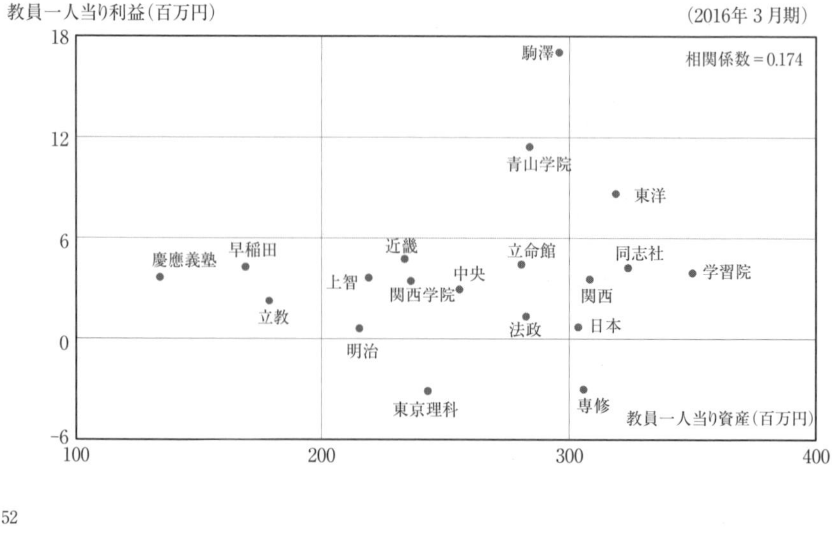

営に対する意識も芽生えてくる。例えば、教員一人当たり資産が高いにもかかわらず利益が低ければ、大学への取り組みを改善しなければならないことに気づくと思われる。やはり、ROAだけでは教員の意識改革につなげるのは難しいであろう。

それゆえ、教員一人当たり利益と資産の関係は大学経営にとって役立つ経営指標であり、図を眺めることで大学の現状が把握できるだけでなく教員に刺激を与えることができる。ただし、その指標はある時点の評価に過ぎないので、短期経営指標と呼ぶことにしたい。

(2) 長期経営指標―純資産のローソク足―

年度ごとに利益が生み出されれば、基本金組入あるいは繰越収支差額の増大から純資産が増えていく。反対に損失が発生すれば純資産は減少していく。そのため長期にわたる経営状態を眺めるには、純資産の動きを見ればよいことがわかる。そこで、株価や外国為替の分析でしばしば利用されるローソク足を大学の純資産にそのまま適用してみることにしたい。

図表2-9は主要私立大学の純資産の動きをローソク足で描いたものである。始値は2003年度、終値は2015年度であり、その間の高値と安値が上ヒゲと下

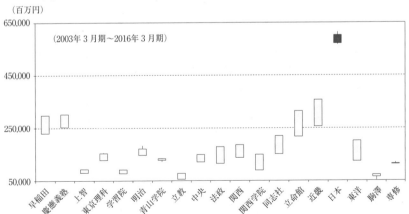

図表2-9 主要私立大学の長期経営指標―純資産のローソク足―

ヒゲで示されている。陽線（白棒）は純資産の増大、陰線（黒棒）は純資産の減少を意味する。したがって、純資産のローソク足を見ることで長期にわたる大学の経営状態が簡単に把握できるので、長期経営指標として扱うことができる。

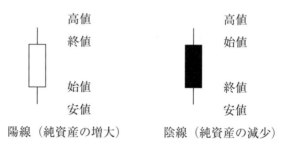

　主要私立大学の成長の相違がローソク足を眺めるだけで明らかになる。同じ期間の中で純資産を伸ばし続けた大学もあれば、相対的に勢いに欠けた大学に分けられる。こうした違いが生じるのは、年度ごとの利益の積み重ねの差に起因している。

　つまり、純資産が増大していくには年度ごとに利益を生み出さなければならない。そのためには収入を拡大させたり、あるいは支出を切り詰めていかなければならない。こうして見ていくと最終的には経営への取り組み姿勢の相違が、純資産の伸び率となって表れていると言える。

　経営状態は先ほどの短期経営指標として取り上げた教員一人当たりの利益と資産の関係を見ることで把握できるが、これだけでは大学の真の姿を捉えるのに不十分である。やはり、長期経営指標として純資産の動きを見ない限り、大学の成長の姿が確認しにくいであろう。短期と長期の経営指標を組み合わせることで、大学の経営状態が正確に伝わることになる。それゆえ、2つの経営指標は多くの大学関係者にとって有益であると思われる。

(3) 大学経営の在り方

　本章ではさまざまな経営指標を紹介してきたが、そこから得られた結論は大

学が将来にわたって安定した経営を展開していくには、利益を出し続けなければならないということである。具体的に言えば基本金組入前当年度収支差額が黒字でなければならない。

利益を生み出せば、基本金組入から施設や設備が拡張し、効率的な経営が可能となる。あるいは繰越収支差額の赤字を縮小したりする。いずれにせよ、基本金と繰越収支差額の合計である純資産は増大していく。さらに純資産の増大は自己資本比率の上昇につながるので健全性が向上し、利益を一層拡大させるという好循環を生み出していく。

一般に利益に注目する大学関係者は少ないように見える。大学は利益の最大化を目指す通常の株式会社とまったく異なった存在であると解釈しているからであろう。確かに株式会社は利益を獲得し、それを株主に配当金として分配する。それに対して大学は獲得した利益を配当金として分配する相手がいないため、利益の確保にあまり執着しないのである。

だが、大学の利益は基本金や繰越収支差額に流れ、規模拡大に向かっていく。この流れが持続しなければ大学の発展は期待できない。それゆえ、大学も通常の民間会社と同様に利益の獲得が重要な経営目標のひとつとして定められる。

このことが十分に認識されれば、大学内での動きにも変化が見られるであろう。利益を増やすには収入を増やしつつ、一方で支出を切り詰めなければならない。世間一般の常識とも言える行動が取りにくいのがわが国の大学であるが、これからは積極的に利益の確保に向かっていく必要がある。

そうした意味からも前節で紹介した短期経営指標の教員一人当たりの利益と資産の関係は、大学経営を望ましい方向に導く役割を果たす。教員が資産を有効に活用することで、大学に利益が生み出される。十分な利益が得られなければ収入と支出をチェックし、改善に導いていかなければならない。それを怠れば利益は得られず、損失が発生することになる。

年度ごとの収支を確認することも重要であるが、長期にわたる大学経営の動きにも関心を払わなければならない。長期経営指標である純資産のローソク足

は、そうした要求に十分に応えてくれる。利益や損失を繰り返しながらも一定期間に利益のほうが多ければ、純資産のローソク足は陽線となり、逆に損失のほうが多ければ陰線となる。これにより長期にわたる大学経営の実態が極めて簡潔に把握できる。

今日の大学は厳しい経営環境に立たされている。それゆえ、絶えず経営状態が良好であるか否かを確認する必要がある。そのためにも本章で提唱する単純明快な短期と長期の経営指標は、大学経営にとって大いに役立つものと思われる。

第5節　将来の大学経営

(1)　100年後の大学財政

大学は未来永劫にわたって存続することが大前提になっている。長い年月の間にはインフレ問題にも悩まされるであろう。また、今日の教育・研究を維持しながらも将来に向けて高い水準を目指さなければならない。そのため、利益を生み出しながら純資産が適切な成長率で伸びていくのが、大学の理想の姿と言える。

そこで、図表2-10の2016年3月末の主要私立大学の財務データを用いて、将来の純資産の動きを予測してみたい。図表2-11は先ほど示した私立大学の

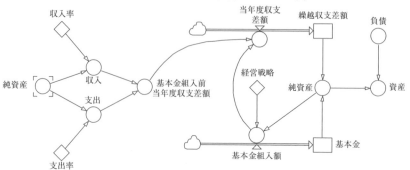

図表2-11　私立大学の経営メカニズム(2)

第 2 章　主要私立大学の役立つ経営指標

図表 2 -10　主要私立大学の財務データ（2016 年 3 月末）

（1）事業活動収支計算書

	事業活動収入	事業活動支出	基本金組入前 当年度収支差額	当年度収支差額	基本金組入額
早稲田大学	104,955	95,814	9,141	3,951	▲ 5,190
慶應義塾大学	154,520	143,603	10,917	▲ 3,574	▲ 14,492
上智大学	23,635	21,677	1,958	364	▲ 1,594
東京理科大学	36,551	38,917	▲ 2,365	▲ 5,221	▲ 2,856
学習院大学	20,209	19,044	1,164	86	▲ 1,079
明治大学	58,570	57,947	623	▲ 326	▲ 949
青山学院大学	40,008	33,490	6,518	3,562	▲ 2,956
立教大学	33,487	32,119	1,368	▲ 3,556	▲ 4,924
中央大学	43,408	41,333	2,076	▲ 167	▲ 2,242
法政大学	46,330	45,338	992	▲ 7,986	▲ 8,979
関西大学	50,741	48,225	2,515	2,359	▲ 157
関西学院大学	39,211	36,621	2,589	▲ 1,392	▲ 3,981
同志社大学	60,180	56,923	3,257	▲ 1,122	▲ 4,379
立命館大学	79,526	73,847	5,679	849	▲ 4,830
近畿大学	137,419	129,075	8,344	▲ 11,440	▲ 19,784
日本大学	188,204	186,498	1,706	▲ 11,597	▲ 13,303
東洋大学	40,532	34,584	5,947	817	▲ 5,130
駒澤大学	23,578	18,057	5,522	2,556	▲ 2,965
専修大学	24,661	25,986	▲ 1,325	▲ 1,526	▲ 201
平均値	63,459	59,953	3,507	▲ 1,756	▲ 5,263

（注）単位：百万円

（2）貸借対照表

	繰越収支差額	基本金	純資産	負　債	総資産
早稲田大学	▲ 94,167	393,319	299,152	62,495	361,646
慶應義塾大学	▲ 140,112	442,746	302,634	98,236	400,870
上智大学	▲ 15,258	109,093	93,835	24,068	117,903
東京理科大学	▲ 17,337	170,742	153,404	32,027	185,431
学習院大学	▲ 16,452	108,602	92,149	11,375	103,524
明治大学	▲ 70,449	241,668	171,219	50,335	221,555
青山学院大学	▲ 25,951	159,845	133,894	27,945	161,840
立教大学	▲ 23,933	102,120	78,187	30,030	108,217
中央大学	▲ 28,590	177,744	149,154	31,157	180,311
法政大学	▲ 54,727	233,125	178,397	32,658	211,056
関西大学	▲ 26,446	212,034	185,587	32,307	217,894
関西学院大学	▲ 9,136	158,298	149,163	28,467	177,629
同志社大学	▲ 31,072	250,580	219,507	29,056	248,563
立命館大学	▲ 24,177	338,454	314,278	44,913	359,190
近畿大学	▲ 63,067	420,033	356,966	53,167	410,133
日本大学	▲ 304,844	876,075	571,231	166,038	737,269
東洋大学	▲ 35,579	236,557	200,978	18,603	219,580
駒澤大学	▲ 20,444	93,268	72,823	23,052	95,875
専修大学	▲ 33,543	148,017	114,474	20,700	135,174
平均値	▲ 54,489	256,438	201,949	42,980	244,930

（注）単位：百万円

図表 2-12　100 年後の大学財政

年　数	0 年	20 年	40 年	60 年	80 年	100 年	成長率 (%)	倍　率
【Ⅰ】事業活動収支計算								
事業活動収入	63,459	89,541	126,343	178,270	251,539	354,922	1.74	5.59
事業活動支出	59,953	84,593	119,361	168,419	237,639	335,310	1.74	5.59
基本金組入前当年度収支差額	3,507	4,948	6,981	9,851	13,900	19,612	1.74	5.59
当年度収支差額	▲ 1,756	▲ 2,478	▲ 3,496	▲ 4,933	▲ 6,961	▲ 9,821	1.74	5.59
基本金組入額	5,263	7,426	10,478	14,784	20,860	29,434	1.74	5.59
【Ⅱ】貸借対照表								
繰越収支差額	▲ 54,489	▲ 96,053	▲ 154,701	▲ 237,454	▲ 354,218	▲ 518,972	2.28	9.52
基本金	256,438	381,004	556,767	804,770	1,154,702	1,648,456	1.88	6.43
純資産	201,949	284,951	402,066	567,316	800,484	1,129,485	1.74	5.59
負　債	42,980	42,980	42,980	42,980	42,980	42,980	0.00	1.00
資　産	244,929	327,931	445,046	610,296	843,464	1,172,465	1.58	4.79

（注 1）収入率＝事業活動収入／純資産＝31.423（%），支出率＝事業活動支出／純資産＝29.687（%），経営戦略＝2.606（%）
（注 2）0 年の財務データは図表 2-10 で得られた主要私立大学の平均値である。
（注 3）単位：百万円

経営メカニズムのうち、収入と支出が純資産に及ぼす箇所だけを取り上げたものである。そのモデルに従ってそれぞれの変数に主要私立大学の平均値を代入し、100年にわたる推移をシミュレーションしたものが図表2-12である。なお、このモデルの詳細は付録2-2に収録されている。

　ひとつの年度の財務データだけを頼りにしながら100年先の大学財政を予測するのは基本的に無理がある。だが、大学経営の重要なメカニズムを知ったうえで、将来の動きを大雑把ながら眺めるのを目的とすれば、このシミュレーションで十分であろう。

　この中で留意すべき事項は「収入率（a）」（＝収入／純資産）と「支出率（β）」（＝支出／純資産）の差が純資産（NA）の成長率に一致することである。なぜなら、大学の利益が純資産の増加につながるため、収入－支出＝純資産の増加から、次のようになるからだ。ただし、tは期間を意味する。

$$a \cdot NA_t \;-\; \beta \cdot NA_t \;=\; NA_{t+1} \;-\; NA_t$$

すなわち、

$$a \;-\; \beta \;=\; (NA_{t+1} \;-\; NA_t) \,/\, NA_t$$

　このシミュレーションでは主要私立大学の財務データからa＝31.423％、β＝29.687％を前提としているので、純資産の成長率は1.74％となっている。このモデルから得られた100年後の純資産は着実な成長を遂げながら、初期の数字に対して5.59倍にまで達している。大学がインフレ問題や教育・研究の向上を克服し、永遠の命を持つための姿が描かれていると言える。

(2)　将来を支える資産運用体制
　ここで注目しなければならないのは、収入も支出も同じように拡大していることである。大学の教育・研究を将来にわたって持続的に向上させるには、支

出を減らすわけにはいかない。支出を過度に切り詰めれば、大学の質が落ちる恐れがあるからだ。それゆえ、支出の拡大はある程度の理解が得られるであろう。

しかし、収入の拡大はいずれ限界が生じるように思われる。なぜなら、今日の大学は圧倒的に学生生徒等納付金に依存した構造を有しているからである。実際、主要私立大学の収入構造を見ると、次の通りである。

〈2015 年度の主要私立大学の収入構造〉

学生生徒等納付金	68.6%	寄付金	1.4%
補助金	9.0%	資産運用収入	1.6%
資産売却差額	1.8%	事業収入	3.3%
その他	14.4%	合計	100.0%

シミュレーションに従うと、収入は純資産と同様に最終的に 5.59 倍まで増大しなければならない。このことを前提に大学の発展が描かれている。そうであれば大学は授業料の値上げをはじめとして、定員増や新学部増設を 100 年間にわたって続けなければならない。すでにこのような動きが始まっているが、長期的に眺めれば、いずれ行き詰まってしまう。

授業料の値上げに耐えられるだけの学生の確保も難しいうえ、18 歳の人口が減少する中で定員増や新学部増設をいつまでも繰り返すわけにはいかない。その場合、大学の質を維持することも定員の確保も難しくなり、ブランド力は限りなく低下していくであろう。

そのため、収入の柱となる財源を学生生徒等納付金以外に求めなければならない。補助金は今日において無視できない財源であるが、日本の財政状態を考えれば将来にわたって拡大することは期待できず、むしろ縮小の方向に進む可能性が高い。そうであれば寄付金や資産運用収入に依存した収入構造に転換する必要がある。

米国の主要私立大学では寄付金を原資とする大学基金を外部に設け、その資

第 2 章　主要私立大学の役立つ経営指標

金を積極的に運用することで大学本体に運用収入をもたらしている。運用収入の大学全体に占める割合は、20％台から40％台といったかなり高い水準にある。まさに運用収入が大学の運営を支えていると言える。

　これならば将来にわたって大学は質・量ともに拡大し続けられる。大学の成長に見合うだけの財源が資産運用の成果から確保できるからである。もちろん、そのためには大学基金そのものが資金量だけでなく、運用成果も大学本体以上の成長を続けない限り、最適な成長を歩むことができない。それゆえ、米国の大学において資産運用は重要な位置を占めている。

　わが国でも資産運用が行われているが、米国の大学に比べれば大学本体での余資運用に過ぎない。これでは大学の財政を将来にわたって支え続けることは難しい。100年後の大学財政を展望すれば明らかなように、大学が未来に向けて確実に発展するための条件は収入の確保であり、しかも純資産と同じだけの成長が必要である。

　その条件を満たすには学生生徒等納付金の増大を期待した授業料の値上げや定員増あるいは新学部設置ではなく、米国の大学基金のような寄付金を原資とした資産運用体制の整備が必要であろう。大学の社会に向けた貢献が認められれば大量の寄付金が流入し、その資金を運用することで、さらに資金が膨らんでいく。

　そうであれば大学の運営を支えるだけの十分な収入を将来にわたって確保できるであろう。その時、短期経営指標や長期経営指標のほかに資産運用にかかわる経営指標も注目を集めていると思われる。

第1部　大学経営の基本的枠組み

付録2-1　私立大学の経営メカニズム（1）の方程式

	変　数	単　位	定　義
□	基本金	JPY	100 << JPY >>
□	繰越収支差額	JPY	− 20 << JPY >>
●▷	基本金組入額	JPY	経営戦略
●▷	当年度収支差額	JPY/year	基本金組入前当年度収支差額 − 基本金組入額
○	ROA		基本金組入前当年度収支差額/総資産 * 100
○	ROE		基本金組入前当年度収支差額/純資産 * 100
○	キャピタル損益率	%	NORMAL（− 0.1 <<%>>,1 <<%>>,0.5）
○	基本金組入前当年度収支差額	JPY/year	経常収支 ＋ 特別収支
○	教育活動	%	NORMAL（0.5 <<%>>,0.1 <<%>>,0.5）　or NORMAL（0.8 <<%>>,0.1 <<%>>,0.5）
○	教育活動収支	JPY/year	純資産 * 教育活動
○	教育活動外収支	JPY/year^2	資産運用額 * 直接利回り
○	特別収支	JPY/year^2	資産運用額 * キャピタル損益率
○	直接利回り	%	NORMAL（0.1 <<%>>,0.1 <<%>>,0.5）
○	純資産	JPY/year	基本金/TIMESTEP ＋ 累積収支差額/TIMESTEP
○	経常収支	JPY/year	教育活動収支 ＋ 教育活動外収支
○	資産	JPY/year	純資産 ＋ 負債
○	自己資本比率		純資産/総資産 * 100
○	負債	JPY	20 << JPY >>
○	資産運用額	JPY/year^2	総資産/TIMESTEP * 運用割合
◆	経営戦略	JPY	0.5 << JPY >> or 1 << JPY >>
◆	運用割合	%	30 <<%>>

第2章　主要私立大学の役立つ経営指標

付録2-2　私立大学の経営メカニズム（2）の方程式

	変　数	単　位	定　義
□	基本金	JPY	256437.7 << JPY >>
□	繰越収支差額	JPY	▲ 54488.6241233684 << JPY >>
⇒◉⇨	基本金組入額	JPY/year	経営戦略＊純資産
⇒◉⇨	当年度収支差額	JPY/year	基本金組入前当年度収支差額 − 基本金組入額
○	基本金組入前当年度収支差額	JPY/year	収入 − 支出
○	純資産	JPY/year	基本金/TIMESTEP ＋ 累積収支差額/TIMESTEP
○	資産	JPY/year	純資産 ＋ 負債
○	負債	JPY	42980.3987692105 << JPY >>
○	収入	JPY/year	収入率＊純資産/TIMESTEP
○	支出	JPY/year	支出率＊純資産/TIMESTEP
◆	収入率	%	31.4233594307682 <<%>>
◆	支出率	%	29.6869550511989 <<%>>
◆	経営戦略	%	2.60594599601842 <<%>>

第3章　主要私立大学の資産運用行動

第1節　経済危機以降の資産運用

(1)　リーマンショックの影響

　私立大学の資産運用が多くの人々の注目を集めるようになったのは、2008年秋に起きたリーマンショック以降であろう。米国発の世界経済危機はわが国の株式市場や外国為替市場を直撃し、瞬く間に株安・円高現象があらゆる分野に浸透していった。銀行をはじめとする金融機関の財務力は脆弱化し、貸し渋り問題がにわかに発生した。しかも自動車や電機といったメーカーも輸出の低迷から健全な経営に陰りが見られ、契約社員の打ち切りなどわが国の労働市場にも深刻な影響をもたらすようになった。

　そうした中で日本を代表する教育・研究機関である主要私立大学も、リーマンショックの影響が大きく報じられた。銀行や機関投資家と同様に積極的な資産運用を繰り広げていたため、急激な運用環境の変化から巨額損失が突如として発生したのである。学生からの授業料収入だけで運営されていたと思われたが、実際はハイリスク・ハイリターンの資産運用から運用収益を得ていた。だが、資産運用で収益を得ようとしても予想に反して損失を被ることも起こり得る。リーマンショックはまさに予想外の巨額損失を引き起こした出来事であった。

　マスコミ等は主要私立大学の資産運用の実態を次々と報じながら手厳しく批判していった。文部科学省も同様に資産運用に対して慎重に取り扱うべきであ

第1部　大学経営の基本的枠組み

ることを訴えている。ただ、今日の私立大学が置かれている経営環境は厳しく、18歳人口の減少から確実に経営を圧迫することが予想される。いつまでも学生からの授業料収入だけに依存した経営を取り続けるのは難しく、それを補完する有力な手段として資産運用が挙げられる。

　本章では主要私立大学を対象にしながら、リーマンショック以降の資産運用の動きを探っていくことにしたい。資産運用の失敗を教訓としながら大幅な改善が見られたのであろうか。それとも慎重な運用姿勢に転じてしまったのであろうか。極めて興味深い問題である。

　そこで、前章と同様に主要私立大学として早慶上理（早稲田大学、慶應義塾大学、上智大学、東京理科大学）の4大学、GMARCH（学習院大学、明治大学、青山学院大学、立教大学、中央大学、法政大学）の6大学、関関同立近（関西大学、関西学院大学、同志社大学、立命館大学、近畿大学）の5大学、日東駒専（日本大学、東洋大学、駒澤大学、専修大学）の4大学の、合計19大学を取り上げながら資産運用の実態を調べていきたい。

(2)　大恐慌とケインズ

　私立大学の資産運用はわが国よりも欧米のほうがはるかに活発であり、しかも長い歴史を持っている。その中で著名な経済学者であるJ.M.ケインズ（1883-1946）が取り組んだ母校ケンブリッジ大学キングス・カレッジでの資産運用は有名である。ケインズは1920年代から1940年代にかけて極めて高い運用成果を収めている。それ以前は保守的な性格から安全性を重視した資産運用が中心であったが、ケインズの登場ではじめて高い収益を生み出す危険資産の株式が運用対象に組み入れられたからである。当時としては革新的な試みであった。

　だが、すべての期間にわたってコンスタントに高い収益を得ていたわけではなく、1929年秋にアメリカで起きた株価大暴落による大恐慌の影響を受け損失を被っている。その後、ケインズは投資手法を大幅に改善し、好業績を貫いている。こうしたケインズの行動はわが国の主要私立大学にとっても大いに参

考になると思える。

2008年のリーマンショックは100年に一度の経済危機と呼ばれるほど深刻な影響をもたらした。それは1929年の大恐慌に匹敵するほどの大きな衝撃を全世界に及ぼした。わが国の主要私立大学が経済危機を経験することで、ケインズのように投資手法を改善したか否かも関心が高いテーマである。そこで、最初にケインズの母校での資産運用行動を眺めながら、次に主要私立大学の運用姿勢について調べていくことにしたい。

第2節　ケインズによる大学基金での資産運用

ケインズは母校のケンブリッジ大学キングス・カレッジの基金（チェスト・ファンド）を25年間にわたって任され好成績を上げた。それ以前は国債といった安全資産の運用が中心であったが、危険資産の株式を運用することで優れた運用成果に結びつけていった。株式投資の導入は当時の大学基金としてかなり珍しい運用手法であった。彼はナショナル・ミューチュアル生命保険会社とプロビンシャル保険会社の運用も任されていたが、大学基金と同様に株式を組み入れることで画期的な運用手法が展開されていた。

最近のケインズ研究としてChambers, Dimson and Foo（2015）では、ケインズによるキングス・カレッジでの運用成績が丹念に調べられている。図表3-1は1922年から1946年の25年間にわたる運用成果を、マクロ経済の金融指標と比較しながら並べたものである。チェスト・ファンドは自由裁量ポートフォリオと制約付きポートフォリオの2種類に分けているが、ケインズが株式投資を導入しながら斬新な運用を繰り広げたのは自由裁量ポートフォリオである。

その成果を見ると、25年間の平均利益率は15.97％であり、英国株価指数の10.37％を上回っている。両者の差である相対評価は5.60％である。これによりケインズが株式市場の平均を上回る成果を収めていたことがわかる。だが、彼らの研究はそれだけにとどまらず、大恐慌を挟む2期間でケインズの投資姿

図表 3-1　キングス・カレッジのチェスト・ファンドとマクロ経済の金融指標

	チェスト・ファンドの投資成果			マクロ経済の金融指標		【1】-【4】
	自由裁量ポートフォリオ【1】	制約付きポートフォリオ【2】	トータルファンド（不動産除く）【3】	英国株価指数【4】	英国債指数【5】	相対評価【6】
1922年	35.33	16.80	18.17	31.40	26.40	3.94
1923年	9.55	9.41	9.43	30.66	4.59	▲ 21.11
1924年	15.68	5.59	6.47	0.69	2.26	14.99
1925年	41.32	4.70	9.62	11.46	3.10	29.87
1926年	6.29	5.42	5.61	10.81	2.65	▲ 4.53
1927年	1.42	2.70	2.48	26.30	3.08	▲ 24.88
1928年	2.96	7.95	6.99	18.78	8.12	▲ 15.82
1929年	6.36	3.64	4.14	5.99	▲ 0.31	0.37
1930年	▲ 14.21	0.36	▲ 2.19	▲ 18.74	9.13	4.53
1931年	▲ 11.53	▲ 6.34	▲ 7.16	▲ 30.89	8.03	19.37
1932年	32.65	5.82	9.40	26.15	29.40	6.50
1933年	51.43	30.93	34.40	32.13	5.87	19.30
1934年	26.60	13.39	17.50	11.38	12.92	15.21
1935年	34.02	7.77	17.27	7.21	6.71	26.81
1936年	39.57	11.77	23.40	22.83	4.39	16.74
1937年	11.30	▲ 1.00	4.26	1.67	▲ 10.15	9.63
1938年	▲ 22.58	▲ 8.55	▲ 15.01	▲ 8.71	4.93	▲ 13.87
1939年	8.92	▲ 3.93	1.36	▲ 5.57	▲ 10.01	14.50
1940年	▲ 5.85	5.83	0.41	▲ 18.84	16.61	13.00
1941年	30.45	23.74	26.60	28.52	15.01	1.93
1942年	8.39	9.04	8.77	10.85	4.43	▲ 2.46
1943年	39.74	7.82	22.04	27.86	▲ 0.49	11.88
1944年	15.60	5.24	10.70	12.06	2.87	3.54
1945年	13.29	4.42	9.67	5.59	12.33	7.70
1946年	22.48	7.84	17.36	19.66	14.58	2.83

全体の投資期間　1922年〜46年						
平均値	15.97	6.81	9.67	10.37	7.06	5.60
標準偏差	19.08	8.48	10.85	17.11	9.06	13.87
Sharpe	0.73	0.56	0.70	0.49	0.55	N/A

前半の投資期間　1922年〜32年						
平均値	11.44	5.10	5.72	10.24	8.77	1.20
標準偏差	18.29	5.71	6.64	20.23	9.91	17.00
Sharpe	0.51	0.53	0.55	0.40	0.68	N/A

後半の投資期間　1933年〜46年						
平均値	19.53	8.17	12.77	10.47	5.71	9.05
標準偏差	19.60	10.15	12.65	15.02	8.46	10.19
Sharpe	0.89	0.60	0.85	0.56	0.43	N/A

（注）単位：%　▲はマイナスを示す。

（資料）Chambers, Dimson and Foo（2015）より。図表 3-2、図表 3-3 も同様。

勢が転換していることを見出している。そこでは1922年から1932年の前期と1933年から1946年の後期に分けて運用成果を整理している。英国株価指数との相対評価から判断できるように、前期よりも後期のほうが高い運用成果を生み出している。

図表3-2はそのことを理解しやすいように図で描いたものである。これを見ると、前期では市場平均を上回ったり下回ったりしているが、後期はほぼコンスタントに市場平均を上回っている。ケインズと言えども大恐慌で大きな損失を被っている。それゆえ、後期ではその教訓を活かし、資産運用の方針を変えていったものと思われる。

そのことは図表3-3の株式買入後の変化を見ることでも理解できる。この図は株式を購入してから12ヶ月までの株価変動の様子を描いたものである。前期では半年を過ぎたあたりから株価が下落している。通常の株式投資家のように値上がりを予想して購入したにもかかわらず、値下がりする最悪のパターンである。それに対して後期では12ヶ月にわたって絶えず値上がりしている。これにより優良な株式をみごとに的中していることがわかる。

ケインズによるチェスト・ファンドの運用成果は前期と後期で異なり、大恐

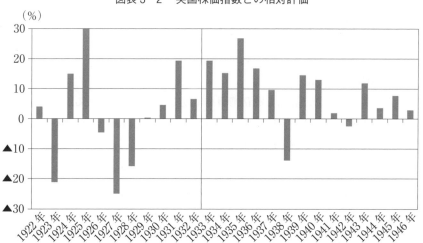

図表3-2　英国株価指数との相対評価

第1部　大学経営の基本的枠組み

図表3-3　株式買入後の変化—前期と後期—

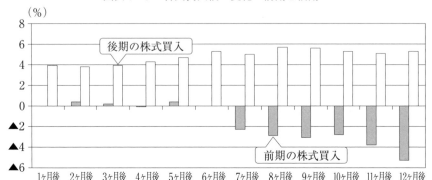

慌での損失発生を教訓にしながら投資手法を改善していったことがわかる。今日ではリーマンショックという世界的な株価暴落を経験し、わが国の主要私立大学では大幅な損失を被ったところも現れた。そうであればケインズが実践したように、投資手法に何らかの動きが見られると思われる。改善を重ねながら積極的投資から高い収益を得ているのかもしれない。あるいは、まったく正反対にリスクを伴う資産運用から撤退し慎重なスタイルに転換したかもしれない。早速、そのことを調べていくことにしたい。

第3節　主要私立大学の運用成果

(1)　3種類の運用指標

　多くの私立大学では詳細な財務情報を年度ごとに公表しているが、資産運用にかかわるデータは非常に限定されている。具体的には利息・配当金に相当する「資産運用収入」だけが明示されているに過ぎない。また、財産目録で運用資金を公表しているが、大学間で統一化された基準が設けられているわけではない。そのため、貸借対照表から「特定資産」、「その他の固定資産」、「流動資産」を取り出し、3つの合計を便宜的に運用資金としてみなさざるを得ない。なお、2014年度以前の貸借対照表では特定資産がその他の固定資産の中に組

第 3 章　主要私立大学の資産運用行動

み込まれている。

　そこで、限られたデータから資産運用の代表的指標である直接利回りを求めると、次のようになる。

　　直接利回り（%）＝受取利息・配当金／（特定資産＋その他の固定資産＋流動資産）×100

　そのほかに資産運用にかかわるデータとして、収益項目の「資産売却差額」と費用項目の「資産処分差額」が挙げられる。2 つとも資産運用の色彩が薄い取引も含まれているが、有価証券の売却による収益ならびに損失も含まれているので、キャピタル損益率として次のように定義づけられる。

　　キャピタル損益率（%）＝（資産売却差額－資産処分差額）／（特定資産＋その他の固定資産＋流動資産）×100

　したがって、最終的な運用指標として直接利回りとキャピタル損益率を加えた総合利回りが得られる。

　　総合利回り（%）＝直接利回り＋キャピタル損益率
　　　　　　　　　＝（受取利息・配当金＋資産売却差額－資産処分差額）／
　　　　　　　　　（特定資産＋その他の固定資産＋流動資産）×100

　図表 3 - 4 〜図表 3 - 6 は主要私立大学 19 校を対象に 3 種類の運用指標を計測したものである。期間は 2003 年から 2015 年の 13 年間である。ただし、データの取得は大学ホームページと大学四季報（週刊東洋経済）に基づいているため、制約として一部の期間においてキャピタル損益率が求められない大学も存在する。

　直接利回りから見ていくと、慶應義塾大学や上智大学のように高い利回りの

第 1 部　大学経営の基本的枠組み

図表 3 - 4　主要私立大学の直接利回り

(1) 2003 年度～2009 年度

	2003 年度	2004 年度	2005 年度	2006 年度	2007 年度	2008 年度	2009 年度
早稲田大学	1.26	1.24	2.25	2.76	3.70	3.17	2.32
慶應義塾大学	2.50	2.86	3.22	3.94 ○	3.37	1.92	2.19
上智大学	3.34 ○	3.18 ○	3.37 ○	3.00	3.16	3.55	3.19 ○
東京理科大学	0.17 ●	0.18 ●	1.02	0.97	1.26	0.79 ●	0.70 ●
学習院大学	0.61	0.60	0.60	0.97	1.37	1.46	1.42
明治大学	1.30	1.32	1.27	1.31	1.65	1.54	1.38
青山学院大学	1.46	1.48	2.31	3.49	3.17	2.61	1.93
立教大学	0.56	0.73	0.81	0.86	0.89	1.03	0.86
中央大学	2.16	2.02	2.17	2.51	3.25	1.76	1.29
法政大学	0.83	1.14	1.19	1.31	1.23	1.44	1.14
関西大学	1.06	1.11	1.07	1.24	1.23	1.13	0.91
関西学院大学	1.74	1.85	2.10	2.09	1.91	1.63	1.36
同志社大学	0.72	0.67	0.64	0.71	1.01	1.16	1.15
立命館大学	0.46	0.40	0.55	0.74	0.96	0.98	1.01
近畿大学	0.39	0.48	0.53	0.63 ●	0.82	0.94	0.79
日本大学	1.91	1.64	1.72	1.80	1.87	1.77	1.30
東洋大学	0.20	0.34	0.42 ●	0.64	0.80 ●	0.98	0.83
駒澤大学	0.84	1.00	1.81	3.26	5.42 ○	4.74 ○	0.74
専修大学	1.07	1.19	3.02	3.65	2.80	0.93	1.23
平均値	1.19	1.23	1.58	1.89	2.10	1.76	1.35
標準偏差	0.84	0.81	0.96	1.15	1.28	1.05	0.64
最大値（○）	3.34	3.18	3.37	3.94	5.42	4.74	3.19
最小値（●）	0.17	0.18	0.42	0.63	0.80	0.79	0.70

(注) 単位：%

(2) 2010 年度～2015 年度

	2010 年度	2011 年度	2012 年度	2013 年度	2014 年度	2015 年度
早稲田大学	2.36	1.94	1.84	1.43	2.20	1.47
慶應義塾大学	2.83 ○	1.92	2.45	3.50	3.60	1.77
上智大学	2.35	3.13 ○	3.57 ○	3.78 ○	5.21	1.85
東京理科大学	0.55 ●	0.41 ●	0.51	0.56	0.86	0.47
学習院大学	1.18	1.06	0.98	1.19	1.12	0.88
明治大学	1.28	1.32	1.31	1.43	1.58	0.81
青山学院大学	1.74	1.58	1.72	1.60	1.98	1.23
立教大学	0.82	0.80	0.92	0.96	0.86	0.73
中央大学	1.15	0.99	1.24	2.22	2.03	0.71
法政大学	0.97	0.81	0.84	0.91	0.87	0.57
関西大学	0.60	0.52	0.67	0.72	0.72	0.42
関西学院大学	1.01	0.87	0.82	0.77	0.78	0.51
同志社大学	1.08	1.01	0.99	0.87	0.78	0.67
立命館大学	1.30	1.39	1.05	1.30	1.42	1.47
近畿大学	0.58	0.49	0.48 ●	0.46 ●	1.31	0.08 ●
日本大学	1.01	0.89	0.82	0.84	0.84	0.66
東洋大学	0.72	0.66	0.60	0.61	0.63 ●	0.55
駒澤大学	0.70	0.59	0.64	3.66	5.37 ○	3.02 ○
専修大学	0.64	0.51	0.61	0.99	0.85	0.27
平均値	1.20	1.10	1.16	1.46	1.74	0.97
標準偏差	0.66	0.67	0.77	1.06	1.45	0.70
最大値（○）	2.83	3.13	3.57	3.78	5.37	3.02
最小値（●）	0.55	0.41	0.48	0.46	0.63	0.08

(注) 単位：%

72

第3章　主要私立大学の資産運用行動

図表3-5　主要私立大学のキャピタル損益率

(1) 2003年度〜2009年度

	2003年度	2004年度	2005年度	2006年度	2007年度	2008年度	2009年度
早稲田大学	▲0.02	0.60	▲0.61	▲0.10	▲0.14	▲0.49	▲2.04
慶應義塾大学	▲1.24	▲0.95	▲0.20	▲0.33	▲3.15●	▲10.61	▲2.87●
上智大学	0.65	1.55	*	1.85	▲0.32	▲18.27	▲2.70
東京理科大学	0.32	2.29○	*	*	▲1.45	▲1.31	▲0.54
学習院大学	▲0.04	▲0.42	1.35○	▲0.78●	▲0.04	▲0.52	▲0.27
明治大学	▲0.32	▲0.35	▲0.36	9.98○	2.36	▲0.20	▲0.10
青山学院大学	28.37○	▲0.25	*	0.53	0.40	▲10.46	▲1.59
立教大学	▲0.42	▲0.70	▲0.34	▲0.44	▲0.28	▲1.19	0.28
中央大学	▲0.21	0.17	*	*	▲0.41	▲1.31	▲0.09
法政大学	▲0.30	▲0.98●	*	*	18.09○	▲3.52	0.97○
関西大学	▲0.11	▲0.04	▲0.14	▲0.34	▲0.35	0.08○	▲0.53
関西学院大学	▲0.32	▲0.39	▲0.31	▲0.31	▲0.16	▲0.64	▲0.32
同志社大学	▲0.07	0.37	▲0.64●	0.27	▲0.28	▲3.39	▲0.22
立命館大学	0.03	0.56	*	*	▲0.39	▲0.38	▲0.36
近畿大学	▲0.48	▲0.54	▲0.52	▲0.39	▲0.36	▲0.48	▲0.80
日本大学	▲0.26	▲0.53	*	*	▲0.64	▲0.31	▲0.46
東洋大学	▲0.09	▲0.09	▲0.09	▲0.25	▲0.09	▲0.15	▲0.83
駒澤大学	▲2.13●	▲0.31	*	*	0.11	▲22.50●	▲1.22
専修大学	▲0.34	▲0.05	*	*	▲0.36	▲0.20	▲0.26
平均値	1.21	▲0.12	▲0.19	0.81	0.66	▲4.00	▲0.73
標準偏差	6.60	0.81	0.57	2.97	4.33	6.62	0.97
最大値（○）	28.37	2.29	1.35	9.98	18.09	0.08	0.97
最小値（●）	▲2.13	▲0.98	▲0.64	▲0.78	▲3.15	▲22.50	▲2.87

(注) 単位：％　▲はマイナスを示す。

(2) 2010年度〜2015年度

	2010年度	2011年度	2012年度	2013年度	2014年度	2015年度
早稲田大学	▲0.77	▲0.93	▲0.74	▲0.52	▲0.32	0.4
慶應義塾大学	▲2.55	▲2.47	▲0.70	▲0.46	▲0.57	▲0.4
上智大学	▲2.15	▲2.96	▲1.89●	▲1.36	▲1.15	0.6
東京理科大学	5.26○	▲0.53	▲0.71	0.34	0.85	▲1.0
学習院大学	▲0.93	▲0.08	▲0.09	0.28	▲0.36	▲0.1
明治大学	▲0.35	▲0.54	▲0.45	▲0.15	▲0.13	▲0.2
青山学院大学	▲2.82	▲5.11●	▲1.72	2.19○	4.81○	8.2○
立教大学	▲0.24	▲0.40	▲0.78	▲0.39	0.51	▲0.2
中央大学	3.29	1.74	1.19	0.19	▲0.21	▲0.1
法政大学	▲0.06	0.30	▲0.36	▲0.36	0.59	▲0.0
関西大学	▲1.56	▲0.41	0.71○	▲0.01	1.05	▲0.4
関西学院大学	▲0.28	▲0.32	▲0.43	▲0.24	▲0.51	▲0.3
同志社大学	0.08	0.35	0.05	▲0.53	▲0.08	0.6
立命館大学	▲0.43	▲0.42	▲0.13	▲0.54	4.02●	▲0.2
近畿大学	▲0.63	2.62	▲0.79	▲0.30	▲0.60	0.5
日本大学	▲0.41	▲0.41	▲0.68	▲0.57	▲0.93	▲0.7
東洋大学	▲0.43	0.36○	▲0.21	8.58●	▲1.42	▲0.2
駒澤大学	▲9.16●	▲0.35	▲0.21	▲0.48	1.75	6.7
専修大学	▲0.09	▲0.51	▲0.48	0.01	▲0.89	▲5.0●
平均値	▲1.09	▲1.03	▲0.57	▲0.61	▲0.15	0.42
標準偏差	2.62	1.37	0.60	2.05	1.68	2.75
最大値（○）	5.26	0.36	0.71	2.19	4.81	8.16
最小値（●）	▲9.16	▲5.11	▲1.89	▲8.58	▲4.02	▲5.01

(注) 単位：％　▲はマイナスを示す。

73

第1部　大学経営の基本的枠組み

図表3-6　主要私立大学の総合利回り

(1) 2003年度～2009年度

	2003年度	2004年度	2005年度	2006年度	2007年度	2008年度	2009年度
早稲田大学	1.24	1.84	1.65	2.67	3.56	2.67○	0.28
慶應義塾大学	1.27	1.92	3.03○	3.61	0.22	▲8.69	▲0.68●
上智大学	4.00	4.73○	*	4.84	2.84	▲14.72	0.49
東京理科大学	0.50	2.47	*	*	▲0.19●	▲0.52	0.15
学習院大学	0.57	0.18	1.94	0.20●	1.33	0.94	1.15
明治大学	0.98	0.96	0.91	11.29○	4.01	1.34	1.27
青山学院大学	29.83○	1.23	*	4.02	3.56	▲7.85	0.34
立教大学	0.14	0.03	0.47	0.42	0.60	▲0.17	1.15
中央大学	1.95	1.85	*	*	2.84	0.45	1.20
法政大学	0.53	0.17	*	*	19.32○	▲2.07	2.11○
関西大学	0.95	1.07	0.92	0.90	0.88	1.21	0.38
関西学院大学	1.43	1.47	1.79	1.78	1.75	0.98	1.04
同志社大学	0.65	0.30	▲0.00●	0.99	0.73	▲2.23	0.92
立命館大学	0.49	▲0.16●	*	*	0.56	0.60	0.65
近畿大学	▲0.09	0.06	0.01	0.24	0.46	0.45	▲0.01
日本大学	1.66	1.12	*	*	1.24	1.46	0.84
東洋大学	0.11	0.25	0.34	0.39	0.70	0.82	0.00
駒澤大学	▲1.29●	0.69	*	*	5.53	▲17.75●	▲0.48
専修大学	0.73	1.14	*	*	2.43	0.64	0.98
平均値	2.40	1.12	1.11	2.61	2.76	▲2.23	0.62
標準偏差	6.72	1.16	0.98	3.17	4.29	5.77	0.67
最大値（○）	29.83	4.73	3.03	11.29	19.32	2.67	2.11
最小値（●）	▲1.29	▲0.16	▲0.00	0.20	▲0.19	▲17.75	▲0.68

(注) 単位：%　▲はマイナスを示す。

(2) 2010年度～2015年度

	2010年度	2011年度	2012年度	2013年度	2014年度	2015年度
早稲田大学	1.60	1.02	1.11	0.91	1.88	1.86
慶應義塾大学	0.28	▲0.55	1.75○	3.05	3.03	1.36
上智大学	0.20	0.17	1.68	2.42	4.05	2.43
東京理科大学	5.81○	▲0.12	▲0.21	0.89	1.71	▲0.53
学習院大学	0.24	0.98	0.88	1.47	0.76	0.73
明治大学	0.93	0.78	0.86	1.29	1.44	0.63
青山学院大学	▲1.08	▲3.53●	0.00	3.80○	6.78	9.39
立教大学	0.58	0.40	0.14	0.57	1.37	0.56
中央大学	▲2.15	▲0.76	0.05	2.03	1.82	0.61
法政大学	0.91	1.11○	0.48	0.87	0.29	0.52
関西大学	▲0.96	0.11	1.38	0.72	1.77	0.79
関西学院大学	0.73	0.55	0.38	0.53	0.28	0.24
同志社大学	1.16	0.67	1.03	0.34	0.70	1.49
立命館大学	0.87	0.97	0.92	0.75	▲2.60●	1.25
近畿大学	0.04	▲2.13	▲0.32●	0.16	0.71	▲0.40
日本大学	0.60	0.49	0.13	0.27	▲0.09	0.01
東洋大学	0.30	1.02	0.40	▲7.97●	▲0.79	0.34
駒澤大学	▲8.46●	0.24	0.42	3.18	7.11○	9.72○
専修大学	0.55	▲0.01	0.00	0.99	0.04	▲4.74●
平均値	0.11	0.07	0.59	0.86	1.59	1.38
標準偏差	2.58	1.17	0.61	2.39	2.36	3.22
最大値（○）	5.81	1.11	1.75	3.80	7.11	9.72
最小値（●）	▲8.46	▲3.53	▲0.32	▲7.97	▲2.60	▲4.74

(注) 単位：%　▲はマイナスを示す。

大学と東京理科大学や近畿大学、そして東洋大学のように低い利回りの大学に分かれているのに気づく。直接利回りの高さは、その大学がどれだけリスクを負いながら高いリターンを追求しているかを示す。それゆえ、資産運用に対する投資姿勢が多少なりとも主要私立大学で異なっていると言える。なお、直接利回りは定義からも明らかなようにいかなる場合でも必ずプラスとなる。

それに対してキャピタル損益率は大学間の特徴が見出し難いが、一般的に多くの期間でマイナスの状態にあることがわかる。資産を取得しても最終的に損失を発生させる状態が恒常化している。したがって、直接利回りで収益を得ても最終的に総合利回りがマイナスになる大学が見られる。もちろん、反対にキャピタル損益率がプラスであるために、直接利回りよりも高い総合利回りを得ているところもある。

(2) 運用成果の比較

資産運用の成果を見る指標が整ったところで、2008年9月のリーマンショックが契機となって運用姿勢に変化が起きたかどうかを探っていくことにしたい。そこで、2003年度から2008年度を前期、2009年度から2014年度を後期と定め、主要私立大学の運用成果を比較することにしよう。図表3-7はその結果を整理したものである。

直接利回りであれ、キャピタル損益率であれ、前期よりも後期のほうが悪化している大学が多い。当然ながら総合利回りも同じ傾向にある。これらの結果から推し量る限り、資産運用に改善が見られたとは言えない。さらにこのことを確認するため、運用指標の19大学の平均値を求めることで全体的な特徴を捉えることにしよう。

図表3-8は3種類の運用指標の平均値を年度ごとに並べたものである。まず、13年間の平均値を見ると、直接利回りが1.44％、キャピタル損益率が▲0.41％、総合利回りは1.00％である。これらの指標が全体的に良好なのか不調なのかは、マクロ経済の運用環境を見ない限り正確な判断が難しいであろう。ここではマクロ経済の金融指標として日経平均株価の増減率と10年物国

第1部　大学経営の基本的枠組み

図表3-7　主要私立大学の運用成果の比較

	直接利回り			キャピタル損益率			総合利回り		
	前半 (2003~ 08年度)	後半 (2009~ 15年度)	差額 (後半- 前半)	前半 (2003~ 08年度)	後半 (2009~ 15年度)	差額 (後半- 前半)	前半 (2003~ 08年度)	後半 (2009~ 15年度)	差額 (後半- 前半)
早稲田大学	2.40	1.94	▲1.03	▲0.12	▲0.70	▲0.58	2.27	1.24	▲1.03
慶應義塾大学	2.97	2.61	▲0.66	▲2.74	▲1.43	1.31	0.23	1.18	0.95
上智大学	3.27	3.30	2.56	▲2.91	▲1.66	1.25	0.34	1.64	1.30
東京理科大学	0.73	0.58	▲0.35	▲0.04	0.52	0.56	0.56	1.10	0.54
学習院大学	0.93	1.12	▲0.28	▲0.07	▲0.23	▲0.16	0.86	0.89	0.03
明治大学	1.40	1.30	▲1.12	1.85	▲0.27	▲2.12	3.25	1.03	▲2.22
青山学院大学	2.42	1.68	0.87	3.72	0.56	▲3.16	6.16	2.24	▲3.91
立教大学	0.81	0.85	▲1.46	▲0.56	▲0.17	0.39	0.25	0.68	0.43
中央大学	2.31	1.37	0.18	▲0.52	▲0.97	▲0.45	1.77	0.40	▲1.37
法政大学	1.19	0.87	▲0.27	3.32	0.03	▲3.29	4.48	0.90	▲3.59
関西大学	1.14	0.65	▲1.24	▲0.15	▲0.05	0.10	0.99	0.60	▲0.39
関西学院大学	1.89	0.87	0.05	▲0.35	▲0.34	0.02	1.53	0.54	▲1.00
同志社大学	0.82	0.96	0.28	▲0.75	▲0.06	0.68	0.07	0.90	0.83
立命館大学	0.68	1.28	0.65	▲0.32	▲0.88	▲0.55	0.37	0.40	0.03
近畿大学	0.63	0.60	▲1.19	▲0.46	▲0.89	▲0.43	0.17	▲0.29	▲0.46
日本大学	1.79	0.91	0.35	▲0.43	▲0.59	▲0.16	1.37	0.32	▲1.05
東洋大学	0.56	0.66	▲2.19	▲0.13	▲1.62	▲1.49	0.44	▲0.96	▲1.39
駒澤大学	2.84	2.10	▲0.01	▲6.21	▲0.43	5.78	▲3.21	1.68	4.88
専修大学	2.11	0.73	▲0.90	▲0.26	▲1.03	▲0.77	1.23	▲0.31	▲1.54
平均値	1.63	1.28	▲0.34	▲0.38	▲0.54	▲0.16	1.22	0.75	▲0.47

（注1）単位：％　▲はマイナスを意味する。

（注2）差額は後半の数値から前半の数値を引いたもの。プラスは資産運用の改善、マイナスは悪化を意味する。

図表3-8　主要私立大学の運用指標とマクロ経済の金融指標

	主要私立大学の資産運用指標			マクロ経済の金融指標		
	直接利回り	キャピタル損益率	総合利回り	日経平均株価	増減率	10年国債利回り
2003年度	1.19	1.21	2.40	11,715	49.59	1.434
2004年度	1.23	▲0.12	1.12	11,669	▲0.40	1.333
2005年度	1.58	▲0.19	1.11	17,060	46.20	1.754
2006年度	1.89	0.81	2.61	17,288	1.34	1.655
2007年度	2.10	0.66	2.76	12,526	▲27.55	1.285
2008年度	1.76	▲4.00	▲2.23	8,110	▲35.26	1.342
2009年度	1.35	▲0.73	0.62	11,090	36.75	1.395
2010年度	1.20	▲1.09	0.11	9,755	▲12.04	1.255
2011年度	1.10	▲1.03	0.07	10,084	3.37	0.988
2012年度	1.16	▲0.57	0.59	12,398	22.95	0.564
2013年度	1.46	▲0.61	0.86	14,828	19.60	0.641
2014年度	1.74	▲0.15	1.59	19,207	29.53	0.398
2015年度	0.97	0.42	1.38	16,759	▲12.75	▲0.049
平均値	1.44	▲0.41	1.00	13,268	9.33	1.08

期間別平均値

	直接利回り	キャピタル損益率	総合利回り	日経平均株価	増減率	10年国債利回り
前半(2003~08年度)	1.63	▲0.27	1.29	13,061	5.65	1.47
後半(2009~15年度)	1.28	▲0.54	0.75	13,446	12.49	0.74

（注）単位：％、円。　▲はマイナスを意味する。

債流通利回りを取り上げ、それらの平均値を求めている。それによると日経平均株価の増減率は9.33％、10年物国債流通利回りは1.08％である。

　これらの指標を見ると、主要私立大学の直接利回りはわずかながら国債流通利回りよりも上回っている。その意味では良好な結果と言えるかもしれない。しかし、総合利回りは2種類のマクロ経済の金融指標と比べて下回っているので、必ずしも好ましい運用成果とは言えない。それでも資産運用に改善傾向が見られれば安心できるかもしれない。

　そこで前期と後期の運用成果を比較すると、運用指標は3種類とも前期から後期にかけて悪化している。つまり、直接利回りは1.63％から1.28％、キャピタル損益率は▲0.27％から▲0.54％、総合利回りは1.29％から0.75％へ下落している。それに対して10年物国債流通利回りは1.47％から0.74％に減少しているが、日経平均株価の増減率は5.65％から12.49％に上昇している。総合的に判断すれば全体的にリーマンショックの経験にもかかわらず、運用の改善が見られていないように思える。

　ケインズは大恐慌の教訓から運用手法を大幅に改善し、高収益をコンスタントに生み出していった。だが、わが国の主要私立大学はいまのところ運用手法に改善傾向が現れていない。それではリーマンショックの経験から慎重な投資姿勢に転じたかと言えば、それも違っているように見える。極度に安全性を重視した資産運用に変化したならば、直接利回りは国債流通利回りを下回るであろう。だが、実際は前期も後期もともに国債流通利回りを上回っている。これはリスク性の資産を保有しているからである。したがって、以前と同様にリスクを負った運用を継続していると言える。

第4節　含み損益の欠如

　主要私立大学はリーマンショックを教訓にして運用の改善が見られたかどうかをいままで探ってきたが、明確な形では変化が見られなかった。ケインズのような際立った投資成果の改善が経済危機後に現れることを期待したが、それ

はもともと無理があったのかもしれない。その一方で好意的な解釈の余地も残されていると思われる。確かにリーマンショック後の運用成果を見る限り、それ以前と比べて低迷しているが、それほどの急激な落ち込みはない。運用指標の平均値を比べると、前期よりも後期のほうが低迷しているが、その差はわずかである。これだけの結果を見れば、資産運用に対してある程度のプラスの評価が下されるかもしれない。

しかし、運用指標そのものが実態を正確に表しているかは曖昧である。3つの指標のうち直接利回りは大学に流入する利息・配当金がそのまま反映されているので、計測するうえで問題ないであろう。だが、キャピタル損益率は必ずしも資産運用の成果を正確に表しているわけではない。保有資産が売却されたり、あるいは時価が簿価を大幅に下回る場合のみ正確に運用損益として計上されるが、そうでなければ含み損益として注記されるだけで、損益計算には一切反映されない。それゆえ、完全な時価会計で捉えた場合のキャピタル損益率とはまったく異なった数値が現れることになる。

このことを確認するため、図表3-9では主要私立大学の直接利回りとキャピタル損益率、そして総合利回りの平均値を年度ごとに描いている。直接利回りはリーマンショック発生直前の2007年度を頂点とするなだらかな山が描か

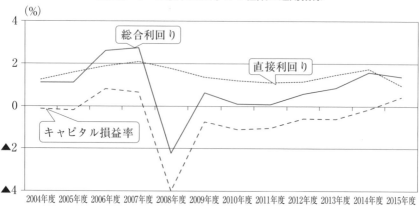

図表3-9　主要私立大学の3種類の運用指標

第3章　主要私立大学の資産運用行動

れている。それに対してキャピタル損益率は経済危機発生の 2008 年度に大幅
に落ち込んでいるが、それ以外の年度ではプラスとマイナスを繰り返しながら
も、ゼロ％に近い数値であり、大きな変化が見られない。本来ならば相場に晒
されているので変動の幅は大きくなるが、決算から得られるキャピタル損益率
は動きが小さい。

　そのため、最終的な運用指標である総合利回りの変動は直接利回りよりも大
きいが、キャピタル損益率に比べれば小さい。しかも全体的に変動幅は大きく
ない。こうして見ていくと主要私立大学は、安定的な資産運用を展開している
と判断されるかもしれない。だが、これはあくまでも完全な時価会計で評価し
ていないために生じる現象である。やはり有価証券を中心にした含み損益が損
益計算に反映されない限り、正確な運用成果は得られないであろう。

補論　私立大学の資産運用と最適ペイアウト率

　完全な時価会計でない限り、含み損益が損益計算にそのまま反映されないの
で、正確な運用成果が得られにくい。そうであれば、私立大学は有価証券等の
保有資産を適度に売却することで、実態とは異なる安定的な運用成果が作り出
せる。そのことを簡単なモデルから描いてみることにしよう。

　付録 3-1 は私立大学の資産運用をシステムダイナミックス・ソフトの
Powersim Studio からモデル化したものである。「運用残高（時価）」に「利
息・配当金流入」と「評価損益」が加わり、同じ期間に「利息・配当金流出」
と「キャピタル利益」が放出される。評価損益は運用残高（時価）に直接反映
されているのでキャピタル利益だけが流出し、「キャピタル損失」は運用残高
（時価）の金額に影響を与えないことになる。

　利息・配当金も評価損益も確率変数として扱っているので、それぞれに期待
値と標準偏差が与えられている。これにより運用残高（時価）は絶えず変動を
繰り返していく。当初に設定された各変数の数値は、次の通りである。

第1部　大学経営の基本的枠組み

【モデルの設定値】

　　運用残高（時価）の初期値　　100

　　直接利回り　　　期待値　　　1.5%　　標準偏差　0.5%

　　評価損益率　　　期待値　▲1.5%　　標準偏差　3.0%

　その中で評価損益からどれだけがキャピタル利益あるいはキャピタル損失として損益計算に組み入れるかが大学の判断として浮かび上がってくる。「ペイアウト率」は、まさに評価損益のうち実際の損益として計上する割合を表す。

　その結果、運用成果を表す指標として時価と簿価に基づく2種類の運用利回りが生じる。付録3-2はそのことをモデル化したものであり、次のように定義づけられている。

　　運用利回り（時価）＝（利息・配当金流入＋評価損益）／運用残高（時価）×
　　　　　　　　　　　　100

　　運用利回り（簿価）＝（利息・配当金流出＋キャピタル利益−キャピタル損
　　　　　　　　　　　　失）／運用残高（簿価）×100

　ただし、分母の時価と簿価に基づく2種類の運用残高は次の通りである。

　　運用残高（時価）＝運用残高（初期値）＋評価損益−キャピタル利益

　　運用残高（簿価）＝運用残高（初期値）−キャピタル利益−キャピタル損失

　本来ならば運用利回り（時価）が実態を正確に表した運用指標であろう。だが、実際は会計制度の制約から運用利回り（簿価）しか求められない。そうであればペイアウト率が重要なコントロール変数となる。なぜなら、これにより運用利回り（簿価）をある程度の範囲内で意図的に自由に作り出すことができ

第3章　主要私立大学の資産運用行動

るからだ。

　私立大学はできる限り高い運用利回り（簿価）が得られるようなペイアウト率を選択すると思われる。そこで、不確実な運用環境の中で運用利回り（簿価）が最も高くなる「最適ペイアウト率」をモンテカルロ法から求めると、17.3％となる。この最適値をモデルに代入することで、付録3－3のように運用利回り（時価）と運用利回り（簿価）が描ける。また運用残高（時価）と運用残高（簿価）も示すと、付録3－4のようになる。

　運用利回り（時価）は大きく変動し、マイナスに落ち込む期間も見られる。相場の変動を直接受けているので、自然な動きとして捉えることができる。一方、運用利回り（簿価）はすべての期間でプラスであり、しかも安定した動きを見せている。これは最適ペイアウト率を適用することで、含み損益から適切なキャピタル損益を実現しているからである。一見、安定的でそれなりに好ましい運用成果を上げているように見えるが、実際は含み損益を適切にコントロールしているに過ぎない。

　そのため実態を表す運用残高（時価）が大幅に減少しているにもかかわらず、名目上の運用残高（簿価）はそれほど変わっていない。結局、運用利回り（簿価）が運用利回り（時価）よりも平均して高いのは、運用残高（時価）と運用残高（簿価）の差額部分が反映されていないだけである。したがって、正しい運用成果を見るには含み損益の動きに注意を払わなければならない。だが、そうした作業を試みるには大学のホームページ上に掲載された決算発表だけでは限界がある。やはり米国の大学決算のように運用成果が時価で表記されなければならないであろう。

　なお、付録3－5ではここで示したモデルの方程式が整理されている。参考までに掲載する。

第1部　大学経営の基本的枠組み

付録3-1　私立大学の資産運用モデル

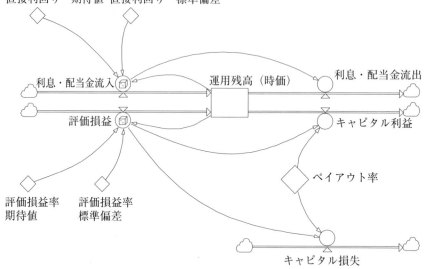

付録3-2　時価と簿価の運用利回り

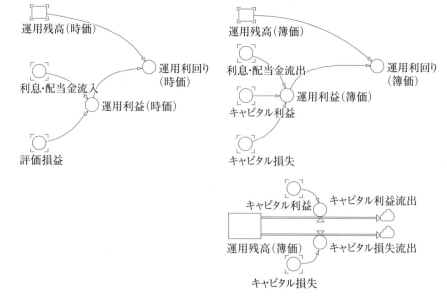

第3章 主要私立大学の資産運用行動

付録3-3 時価と簿価の運用利回り

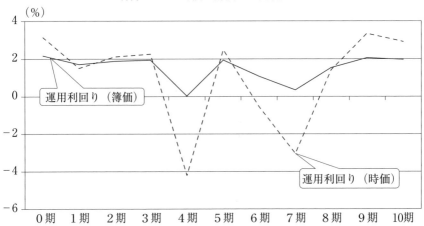

付録3-4 時価と簿価の運用残高

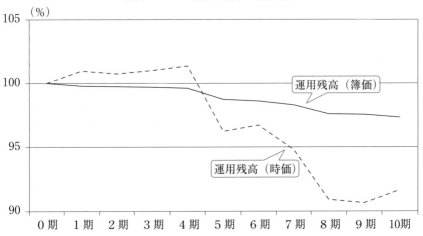

第1部　大学経営の基本的枠組み

付録3-5　私立大学の資産運用モデルの方程式

	変数	単位	定義
□	運用残高（時価）	JPY	100 << JPY >>
□	運用残高（簿価）	JPY	100 << JPY >>
⬤➤	キャピタル利益	JPY/year	IF（評価損益＞0 << JPY/year >>，評価損益＊ペイアウト率，0 << JPY/year >>）
⬤➤	キャピタル利益流出	JPY/year	キャピタル利益
⬤➤	キャピタル損失流出	JPY/year	－キャピタル損失
⬤➤	利息・配当金流入	JPY/year	運用残高（時価）/TIMESTEP*NORMAL（直接利回り　期待値，直接利回り　標準偏差，0.5）
⬤➤	利息・配当金流出	JPY/year	利息・配当金流入
⬤➤	評価損益	JPY/year	運用残高（時価）/TIMESTEP * NORMAL（評価損益率　期待値，評価損益率　標準偏差，0.5）
○	運用利回り（時価）	%	運用利益（時価）/運用残高（時価）
○	運用利回り（簿価）	%	運用利益（簿価）/運用残高（簿価）
○	運用利益（時価）	JPY/year	利息・配当金流入＋評価損益
○	運用利益（簿価）	JPY/year	利息・配当金流出＋キャピタル利益＋キャピタル損失
○	キャピタル損失	JPY/year	IF（評価損益＜0 << JPY/year >>，評価損益＊ペイアウト率，0 << JPY/year >>）
◆	ペイアウト率	%	17.3
◆	直接利回り　期待値	%	1.5
◆	直接利回り　標準偏差	%	0.5
◆	評価損益率　期待値	%	－1.5
◆	評価損益率　標準偏差	%	3

第2部
大学経営を取り巻く諸問題

第4章　主要私立大学の入学定員超過問題と経営戦略

第1節　入学定員超過問題

(1)　文部科学省の方針

　私立大学の学生数は全大学の70%強を占め、200万人を超えている。まさに大学教育で大きな存在感を示すのが、わが国の私立大学である。

　こうした中で文科省は、入学定員超過の私立大学に向けて2016年度から補助金交付の厳格化方針を打ち出した。教育機関である限り教員一人当たりの学生数を抑えることで、教育条件の維持・向上が期待できるためである。定員を超えた数の学生を受け入れれば教育の質が確保されにくくなる。それを防止するためにも入学定員超過問題を解消する必要がある。

　だが、目的はそれだけではない。わが国が抱える深刻な経済問題のひとつに地域経済の疲弊が挙げられるが、この問題の解消にも役立つと考えられているからだ。具体的には政府が進める「まち・ひと・しごと創生総合戦略」（2014年12月27日 閣議決定）の中に組み入れることで、地方経済の活性化が期待されているのである。

　入学定員超過の私立大学は主として大都市圏に集中している。しかも大・中規模の私立大学に見られる。2014年度の入学定員超過の学生は全国で約4万5千人であり、8割の約3万6千人が東京・大阪・中京の三大都市圏（東京、神奈川、埼玉、千葉、大阪、兵庫、京都、愛知の8都府県）に偏っている。また、7割の約3万1千人が収容定員4千人以上の大・中規模大学である。

それとは対照的に私立大学の 40％台が定員割れの状態であり、その多くが地方私立大学である。大都市圏の主要私立大学に見られる入学定員超過問題が解消できれば、溢れた学生が定員割れに悩む地方私立大学に流れることで、大学経営にとどまらず地域経済の活性化にもつながっていく。

　文科省は入学定員超過の適正化を通じて人的資源の配分を変えようと、補助金の不交付をほのめかせながら入学定員充足率の変更に踏み切ったのである。

　発表内容を見ると、規模に応じて小規模・中規模・大規模の大学ごとに変更の度合が異なっている。収容定員の規模に応じた補助金の不交付となる入学定員充足率の詳細は次の通りである。

【改正前】	小・中規模大学	大規模大学
収容定員規模	8,000 人未満	8,000 人以上
～2015 年度	1.3 倍以上	1.2 倍以上

【改正後】	小規模大学	中規模大学	大規模大学
収容定員規模	4,000 人未満	4,000 人以上 8,000 人未満	8,000 人以上
2016 年度	1.3 倍以上	1.27 倍以上	1.17 倍以上
2017 年度	1.3 倍以上	1.24 倍以上	1.14 倍以上
2018 年度	1.3 倍以上	1.20 倍以上	1.10 倍以上
2019 年度～	1.0 倍を超えた学生に見合う分の減額措置を行う。一方で、0.95 倍以上～1.0 倍以下の場合は一定の増額措置を行う。		

　このうち収容定員 8,000 以上の大規模私立大学を見ると、2015 年度までは入学定員充足率が 1.2 倍以上であれば補助金の不交付となっていたが、2016 年度から 3 年間にわたって段階的に引き下げ、2018 年度には 1.1 倍以上にすることが打ち出されている。さらに 2019 年度以降は 1.0 倍を超えた学生に見合う分だけの減額措置も実施する。

　したがって、私立大学は補助金を必要とする限り、将来的には入学定員充足

第4章　主要私立大学の入学定員超過問題と経営戦略

率が限りなく 1.0 倍に収束していくであろう。これにより大都市圏への学生の集中緩和が実現できるとともに、地方創生というローカル・アベノミクスの実現にも貢献すると考えられている。文科省の試算によると、入学定員超過の学生は約 1 万 6 千人減少し、三大都市圏では 1 万 4 千人が減少すると報じられている。

(2)　主要私立大学の経営戦略

　わが国は少子化現象に歯止めがかからず、総人口が確実に減少しているうえ、高齢化現象も進行している。とりわけ少子高齢化現象は地方で顕著に現れている。しかも、地方から若者が大都市圏に流出する動きも加わるため、地方経済の落ち込みは強まるばかりである。

　こうした負の連鎖を抑えるためにも、地方経済の活性化への取組みは喫緊の課題と言える。政府はさまざまな試みを展開しているが、そのひとつが大都市圏の主要私立大学に向けられた入学定員超過問題への解消であり、これにより若者の地方流出がある程度抑えられると期待されている。

　だが、実際に文科省の思惑通りに若者を地方に押し戻すことができるであろうか。むしろ、逆の効果が作用するかもしれない。なぜなら、入学定員充足率の厳格化から補助金交付の有無が決定されるならば、主要私立大学は補助金獲得の条件を満たしながら大学経営を安定化させる有効な手段として、既存各部の定員増や新学部設置から入学定員そのものを増やす行動に出ると思われるからである。

　私立大学が財務の健全性を重視する限り、それは当然の行動であろう。入学者数が減少すれば大学への資金流入も減少し、大学の施設・設備を維持し拡大するのに必要な基本金そのものが毀損する恐れが生じるからだ。その動きを阻止するためにも、入学者数の減少を抑えようとするであろう。

　もし主要私立大学が入学定員増の方向に踏み切れば、地方私立大学はさらに定員割れの状況に追い込まれる。しかも、それだけではない。政府が目指す地域経済への活力も奪われることになる。そうなれば、当初の思惑と違った最悪

89

のシナリオが描かれよう。それゆえ、入学定員充足率による補助金厳格化の方針は必ずしも有効な手段とは思われない。

　もちろん、文科省は既存学部の定員増や新学部の設置基準を厳しくするといった対抗手段を取るであろうが、それも限界がある。介入の度合が強まるほど、大都市圏の主要私立大学と地方私立大学では規模の格差が広がると思われる。

　それでは大都市圏の主要私立大学にどのような変化を促せば、地方私立大学に若者を押し戻すことができるのであろうか。この問題の有効な解決策が見出されない限り、いつまでも規制強化と定員増の繰り返しが続くことになる。

　本章では単純な私立大学の経営モデルを作成しながら、文科省が打ち出した入学定員充足率による補助金厳格化の方針は、当初の思惑と違った結果を招く恐れがあることを指摘したい。むしろ、大都市圏の主要私立大学は財務の健全化を維持するために地方私立大学から受験生を奪うかもしれない。

　だが、これでは地方経済の疲弊は増すばかりである。主要私立大学に何らかの変革を求めない限り、日本経済そのものが成長しないであろう。そこで、寄付金と運用収益が大学収入で無視できない割合を占める米国の大学を模範としたケースを考えてみたい。

　米国の大学では学内の厳しい指導から退学率が極めて高い。授業料収入に依存しない経営構造を有しているからこそ可能であり、自ずと学問の水準も高くなる。これならばわが国の主要私立大学も世界の大学と教育・研究レベルで互角に競い合えるうえ、学生の収容定員を抑えながら財務の健全化も達成できる。

　しかも、主要私立大学から溢れた学生は地方私立大学に向かう可能性が高まり、地域経済の活性化に貢献できるであろう。大都市圏の主要私立大学にとっても、地方私立大学にとっても、メリットのある展開である。

　早速、直近の入学定員充足率厳格化の影響、続いてそれに対する主要私立大学の入学定員増という中期経営戦略の影響、そして米国の大学を模範とした長期経営戦略の影響について分析していくことにしたい。

第2節　私立大学の決算書

(1)　改正後の収支計算書

　私立大学は補助金の関係から社会に向けて説明責任を果たさなければならない。また、目まぐるしい経営環境の変化に対して健全な経営を維持しなければならない。そのため決算の発表は大学関係者にとって大きな関心事となっている。

　文科省は利害関係者だけでなく一般の人にも理解できるように、学校法人の会計基準を2015年度から大幅に変えた。基準制定後、40年ぶりの大改正である。

　ここでは、私立大学の経営モデルを展開するうえで必要な一般企業の損益計算書に相当する部分に絞りながら説明したい。図表4-1は、改正前の消費収支計算書と改正後の事業活動収支計算書の仕組みを比較したものである。どちらも1年間にどれだけの収入と支出があり、最終的に収支差額としてどれだけの利益あるいは損失が生じているかを示している。

　従来の消費収支計算書は一般の人から見てかなり難解であった。帰属収入から前もって基本金組入額を控除したものを消費収入と呼び、そこから消費支出を引くことで当年度消費収支差額を求めていたからである。

　これでは一般企業の損益計算書の最終利益と異なり、本来ならば黒字にもかかわらず消費収支差額が赤字になるケースも生じた。それゆえ、通常は帰属収入から消費支出を引いた帰属収支差額を独自に求めることで、この矛盾を解消していた。これならば一般企業の最終利益に一致するので理解しやすい。

　今回の改正では従来の消費収支計算書の名称を事業活動収支計算書に変更するとともに区分別の収支差額を表示しながら、帰属収支差額に一致する項目が基本金組入前当年度収支差額として導入されている。いままでのように独自に計算する手間が省けたことになる。もちろん、従来の当年度消費収支差額に相当する項目も当年度収支差額として表示されている。

図表 4 - 1　私立大学の収支計算書の比較

(1) 改正前の消費収支計算書

消費収入
　帰属収入
　　学生生徒等納付金
　　寄付金
　　補助金　　②
　　資産運用収入
　　資産売却差額等
　基本金組入額　③
　　①＝②－③

消費支出
　人件費
　教育研究経費
　借入金等利息
　資産処分差額等　④

帰属収支差額　⑤＝②－④
当年度消費収支差額　⑥＝①－④

(2) 改正後の事業活動収支計算書

経常収支
　教育活動収支
　　収入　学生生徒等納付金、寄付金、補助金等
　　支出　人件費、教育研究経費等
　　教育活動収支差額　①

　教育活動外収支
　　収入　受取利息・配当金等
　　支出　借入金等利息等
　　教育活動外収支差額　②

　経常収支差額　③＝①＋②

特別収支
　　収入　資産売却差額等
　　支出　資産処分差額等
　　特別収支差額　④

基本金組入前当年度収支差額　⑤＝③＋④
基本金組入額　⑥
当年度収支差額　⑦＝⑤－⑥

第4章　主要私立大学の入学定員超過問題と経営戦略

改正後の事業活動収支計算書で
は基本金組入前の収支差額と基本
金組入後の収支差額が明示されて
いるため、大学の姿が捉えやす
い。基本金は大学の施設・設備で
あり、年度ごとにどれだけが事業
活動収入から組み入れられている

図表4-2　私立大学の貸借対照表

資　産	負　債
有形固定資産	固定負債 流動負債
その他固定資産	純資産
流動資産	基本金 累積収支差額

かを知ることは将来の成長を占ううえで必要不可欠である。

　図表4-2は貸借対照表を示したものである。資産と負債の差額に相当する
のが純資産であり、基本金と累積収支差額で構成されている。基本金組入前の
収支差額が黒字であれば純資産は膨らんでいくが、逆に赤字であれば基本金を
実質的に毀損するので純資産は減っていく。もちろん、累積収支差額が大幅な
赤字から基本金を上回れば債務超過状態に陥り、経営破綻となる。そうならな
いためにも絶えず基本金組入前の収支差額に注目しなければならない。

(2)　資産運用の表記

　今回の改正で注目しなければならないのは、言うまでもなく基本金組入前後
の2種類の収支差額を明示した点である。だが、そのほかに資産運用の表記に
も注目すべきであろう。つまり、教育活動外収支を通じた利息・配当金の獲得
ならびに特別収支を通じた資産の売却損益の状況が把握しやすくなっている。

　私立大学にとって教育研究活動が本来業務であるが、資産運用業務も時代の
変化に伴ってウエイトを増しつつある。18歳人口の減少傾向だけでなく国か
らの補助金削減傾向が強まれば、自力で経営を安定化させる手段として資産運
用業務に期待せざるを得ない。

　改正前の決算でも利息・配当金と資産の売却損益が表記されていたが、今回
のほうが2種類の収支に分類されている点で優れている。これにより直接利回
りやキャピタル損益率など資産運用の成果を測る代表的指標がすぐに求められ
るであろう。

もちろん、利息・配当金や資産の売却損益だけでは運用に関わる代表的指標は得られない。運用資産額が明示されない限り、無理がある。だが、このことは貸借対照表の総資産のうち、土地・建物施設等で構成される有形固定資産を差し引いた金額を運用資産としてみなすことで計算できると考えられる。

運用成果が把握しやすい決算であれば、ますます外部からのチェックが厳しくなり、負担能力を超えた無理な運用が控えられるであろう。逆に極端な安全志向も批判されるであろう。大学の経営環境に応じた適切な資産運用が展開できる意味からも、今回の改正は望ましいスタイルが取られたと思われる。

ただ、改正後の事業活動収支報告書でも、含み損益は改正前の消費収支計算書と同様に直接、反映されていない。時価情報は簿外に注記されるだけである。資産運用で中心となるのは債券や株式といった有価証券であり、絶えず時価額が変化する。この動きを正確に把握しない限り、運用成果をとらえるうえで好ましいとは言えないであろう。

一方、米国の大学基金ではわが国と異なり、含み損益も利息・配当金やキャピタル損益とともに決算書の中に明示されている。含み損益は金額そのものも大きく、運用成果を決定づけるうえで大きな影響力を持っている。日米の大学でこのような相違が生じる根本的な背景は、大学運営における資産運用の位置づけに起因していると思われる。

第3節　私立大学の経営モデル

(1)　大学経営のフレームワーク

早速、私立大学の経営モデルを構築することにしよう。図表4-3はそのためのフレームワークを描いたものである。ここではシステムダイナミックス・ソフトの Powersim Studio を用いている。直感的にわかりやすい表記なので、詳細な説明は不要であろう。ただし、記号□はストックを意味し、記号○はフローを表している。記号◇は外生変数である。

なお、詳細は章末の付録4-1に収められている方程式を見ていただきたい。

第4章　主要私立大学の入学定員超過問題と経営戦略

図表4-3　私立大学の経営モデル

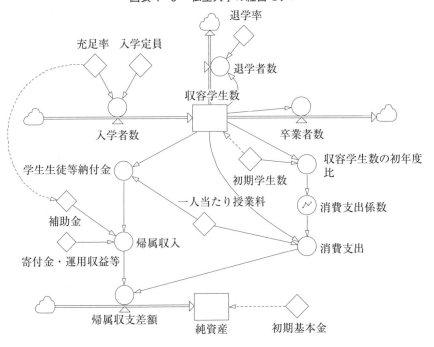

これにより個別の変数に割り当てられた関数や数値、あるいは変数間の関係等が理解できると思われる。

　まず、大学への1年間の「入学者数」は「入学定員」に「充足率」を掛けたものである。4年制大学を前提とすれば入学者数の4倍が「収容学生数」となる。だが、年度ごとに収容学生数に「退学率」を掛けた「退学者数」だけ大学から学生が流出していく。

　大学経営において退学者の存在は悩ましい問題である。退学率が無視できるほど小さな数値であればよいが、今日では大学経営を考えるうえで深刻な問題にもなっている。それゆえ、このモデルでは退学率が重要なファクターとして組み入れられている。

　もちろん、年度ごとに学生が卒業していく。ここでは単純に収容学生数の4分の1が「卒業者数」として収容学生数から流出していく。したがって、「初

95

期学生数」に入学者が流入し、退学者と卒業者が流出していく。その結果、収容学生数が決定づけられる。

こうした学生の動きに対応して、大学への資金の流出入が発生する。収容学生数に「一人当たり授業料」を掛けた「学生生徒等納付金」が大学に流入する。さらに「補助金」や「寄付金・運用収益等」も大学に流入し、全収入に相当する帰属収入が形成される。

それに対して教育・研究を行うことから「消費支出」が発生する。その金額は一人当たり授業料に「消費支出係数」を掛け、さらに収容学生数を掛けることで求められる。なお、消費支出係数は「収容学生数の初年度比」によって決定づけられている。

大学は一般的に規模の経済が作用し、収容学生数が多くなるにつれて単位当たり費用が逓減する傾向が強い。それゆえ、消費支出係数は収容学生数の初年度比が1を超えると逓減し、逆に1を下回れば逓増する関数として設定している。

最終的に帰属収入から消費支出を差し引いた「帰属収支差額」が「純資産額」に流入する。純資産額は「初期基本金」に年度ごとの帰属収支差額が増減しながら変動する。帰属収支差額が黒字ならば純資産額は増えていくが、帰属収支差額が赤字ならば基本金を毀損し資産額は減少する。

ところで、このモデルでは帰属収入や消費支出あるいは帰属収支差額といった改正前の決算用語を用いている。もし改正後の決算用語に置き直せば帰属収入は大学全収入、消費支出は大学全支出、帰属収支差額は基本金組入前収支差額となろう。

それにもかかわらず、従来の決算用語を用いているのは大学経営を分析する人達にとって依然として馴染みがあるうえ、このほうがモデルを展開するうえで理解しやすいと考えたからである。

(2) 入学定員超過問題のモデル分析
①基本モデルの特徴

第 4 章　主要私立大学の入学定員超過問題と経営戦略

図表 4 - 4　基本モデルによる充足率引き下げの影響

		(1) 基本モデル		(2) 充足率引き下げのケース	
		初年度	20 年後	初年度	20 年後
【1】基本データ					
入学定員	（人）	2,000	2,000	2,000	2,000
充足率	（％）	120	120	110	110
入学者数	（人）	2,400	2,400	2,200	2,000
収容学生数	（人）	8,000	8,000	8,000	7,334
退学率	（％）	5	5	5	5
退学者数	（人）	400	400	400	367
卒業者数	（人）	2,000	2,000	2,000	1,833
【2】収入データ					
一人当たり授業料	（百万円）	1	1	1	1
学生生徒等納付金	（百万円）	8,000	8,000	8,000	7,334
補助金	（百万円）	640	640	640	640
寄付金・運用収益等	（百万円）	160	160	160	160
帰属収入	（百万円）	8,800	8,800	8,800	8,134
【3】支出データ					
収容学生数の初年度比		1.00	1.00	1.00	0.92
消費支出係数		1.10	1.10	1.10	1.18
消費支出	（百万円）	8,800	8,800	8,800	8,678
【4】財務データ					
帰属収支差額	（百万円）	0	0	0	▲ 544
純資産額	（百万円）	10,000	10,000	10,000	848

(注) 網掛け部分は変更を意味する。

　早速、大学経営モデルに具体的数値を入れることで主要私立大学の入学定員
超過問題について分析したい。図表 4 - 4 (1)(2)では基本モデルと充足率引き
下げのケースについて【1】基本データ（7 種類）、【2】収入データ（5 種
類）、【3】支出データ（3 種類）、【4】財務データ（2 種類）の数値が初年度
と 20 年後に分けて整理されている。

　図表 4 - 4 (1)の基本モデルを見ると、初年度も 20 年後もまったく同じ数値
が並んでいる。なぜなら、入学定員（2,000 人）に充足率（120％）を掛けた
入学者数（2,400 人）が大学に流入する一方で、退学率（5 ％）から退学者

第2部　大学経営を取り巻く諸問題

（400人）と卒業者数（2,000人）が大学から流出しているからである。そのため収容学生数（8,000人）は変化しないままとなっている。

　収入の動きを見ると、一人当たり授業料（1百万円）に収容学生数を掛けることで、学生生徒等納付金（8,000百万円）が生み出されている。そのほかに補助金（640百万円）と寄付金・運用収益等（160百万円）が得られるため、大学の帰属収入は8,800百万円となる。

　それに対して、収容学生数の初年度比（1）から決定づけられた消費支出係数（1.0）に収容学生数を掛けることで、消費支出（8,800百万円）が生じる。この金額は帰属収入に一致するため、帰属収支差額は0百万円となり、純資産額（10,000百万円）に変化は見られない。

②充足率引き下げのケース

　冒頭でも指摘したように文科省は、入学定員超過問題に向けて充足率を従来の120％から110％に引き下げるように指導している。それゆえ、充足率が120％から110％に変更したケースについて分析してみることにしよう。

　そこで、図表4-4（2）の充足率引き下げのケースを見ると、20年後の収容学生数は8,000人から7,334人に減少している。充足率引き下げから年度ごとに入学者数が減少しているためである。

　収容学生数が減少すれば帰属収入は、8,800百万円から8,134百万円に下がる。消費支出も8,800百万円から8,678百万円に下がるが、消費支出係数が1.10から1.18に高まるため帰属収入に比較すればそれほど下落していない。

　その結果、帰属収支差額は0百万円から▲544百万円の赤字となる。もちろん赤字の状態が年度を重ねて続けば、20年後には純資産額は848百万円となる。まさに純資産額が赤字によって毀損されている。

　このことから充足率の変更は長期的視点から捉えれば、大学経営に深刻な影響をもたらすことが認識できる。充足率を120％から110％に落とすことで、将来的に経営破綻に陥る可能性も高まる。それゆえ、文科省が定員超過問題の解消策として打ち出した充足率の変更は、私立大学経営にとって無視できない

第4章　主要私立大学の入学定員超過問題と経営戦略

重要な問題を投げかけたことになろう。

　ところで、本来ならば充足率が100％であるほうが自然な姿である。それに
もかかわらず、充足率が100％を超えた数値になっているのはなぜであろう
か。それは大学経営モデルから明らかなように退学率が影響しているからだ。

　充足率100％で学生が入学しても4年の間に無視できない数の学生が退学し
ていく。その結果、大学を維持するうえで必要な学生生徒等納付金が得られず
帰属収支差額は赤字となり、将来に向けた基本金組入が難しくなるだけでな
く、純資産額の毀損にも結びついていく。

　入学定員超過問題は、新聞等で私立大学を批判するような論調で報道される
ことが多い。だが、充足率が100％を超える本質的な理由について、十分に理
解されていないようにも見える。ただ単に意味もなく大学財政を富ませると
いった自己都合から、入学者を無理に増やしているような印象を抱かせている
ようにも感じる。

　こうした誤解は、大学の退学率について正確な情報を得ていないために起き
るのであろう。入学後の4年間に発生する退学者数を前もって見込めば、入学
定員を上回った入学者数を確保しない限り、大学経営は不安定になる。そのた
め、充足率は100％を超えるように設定されるのである。

第4節　主要私立大学の経営戦略

(1)　短期経営戦略

　前節のモデル分析から得られた結論は文科省の指導に従って充足率を120％
から110％に引き下げると、帰属収支差額は赤字になり、純資産額を毀損する
ということであった。

　モデルでは20年間にわたって充足率が110％のままであることを前提に計
算しているが、文科省は4年目以降は充足率をさらに引き下げ100％を想定し
ている。そうであれば、私立大学の経営はさらに悲惨な状態に陥ってしまう。

　当然ながら入学定員超過の主要私立大学は、経営安定化の対応策を練るであ

ろう。以下では3種類の経営戦略について短期・中期・長期に分けながら、前節と同じ大学経営のモデルの中で考えていきたい。

図表4-5(1)(2)(3)は、そうした3種類の経営戦略に基づくシミュレーションの結果を整理したものである。ここでは先ほどの大学経営の基本モデルで設定した数値のうち、一部を変更した場合の結果がまとめられている。

第1は短期経営戦略が打ち出されたケースである。文科省による充足率引き下げの指導にもかかわらず、何らかの理由により充足率を120%のまま、現状維持を貫くケースである。図表4-5(1)に結果がまとめられている。

このケースでは文科省の指導に従わないので、補助金は0百万円となる。そのため初年度から帰属収支差額は▲640百万円の赤字が発生し、20年後には純資産額が▲2,800百万円となる。まさに債務超過状態に陥り、経営破綻となる。

私立大学が監督官庁である文科省の指導に従わないことは有り得ないので、このケースは極めて特殊である。だが、たとえ指導を無視し充足率を維持したとしても補助金が得られないため、最終的に財政危機に直面せざるを得ないことがわかる。

ところで、前節では文科省の指導に基づきながら充足率を120%から110%に変更したケースを扱ったが、そこでも帰属収支差額は赤字となり、純資産額を毀損していた。補助金の削減がないにもかかわらず、収容学生数が減少しているためである。赤字が続く限り、いずれ財政危機に陥ることが明らかである。

結局、充足率引き下げに応じようが現状維持を貫こうが、最終的には存続が不可能となる。それでは私立大学は将来に向けて、どのような経営戦略を取るべきなのであろうか。そこで、次に中期と長期に分けながら第2および第3の経営戦略について検討してみたい。

(2) 中期経営戦略

充足率を引き下げれば収容学生数の減少から財務体質が悪化し、充足率を維

第4章　主要私立大学の入学定員超過問題と経営戦略

図表4-5　主要私立大学の短期・中期・長期経営戦略

		(1) 短期経営戦略		(2) 中期経営戦略		(3) 長期経営戦略	
		初年度	20年後	初年度	20年後	初年度	20年後
【1】基本データ							
入学定員	(人)	2,000	2,000	2,400	2,400	2,000	2,000
充足率	(%)	120	120	100	100	100	100
入学者数	(人)	2,400	2,400	2,400	2,400	2,000	2,000
収容学生数	(人)	8,000	8,000	8,000	8,000	8,000	5,715
退学率	(%)	5	5	5	5	10	10
退学者数	(人)	400	400	400	400	800	571
卒業者数	(人)	2,000	2,000	2,000	2,000	2,000	1,429
【2】収入データ							
一人当たり授業料	(百万円)	1	1	1	1	1	1
学生生徒等納付金	(百万円)	8,000	8,000	8,000	8,000	8,000	571
補助金	(百万円)	0	0	640	640	640	640
寄付金・運用収益等	(百万円)	160	160	160	160	1,600	1,600
帰属収入	(百万円)	8,160	8,160	8,800	8,800	10,240	7,955
【3】支出データ							
収容学生数の初年度比		1.00	1.00	1.00	1.01	1.00	0.71
消費支出係数		1.10	1.10	1.10	1.10	1.10	1.39
消費支出	(百万円)	8,800	8,800	8,800	8,800	8,800	7,919
【4】財務データ							
帰属収支差額	(百万円)	▲ 640	▲ 640	0	0	1,440	36
純資産額	(百万円)	10,000	▲ 2,800	10,000	10,000	10,000	13,995

(注)　網掛け部分は変更を意味する。

持すれば補助金が失われる。こうしたジレンマを克服するには、入学定員そのものを増やせばよい。

　これならば充足率を下げても収容学生数を十分に確保できるうえ、補助金も得られる。まさに一石二鳥の有効な手法と言える。定員増や新学部設置にはある程度の時間が必要なため、時間の経緯から判断して中期経営戦略と呼ぶことにしよう。

　図表4-5(2)では入学定員を基本モデルの2,000人から2,400人に増やし、充足率を究極的な目標である100%に下げている。そのため、入学者数は2,400人となり、20年後も初年度と同じ状態が維持できる。帰属収支差額は0百万円であり、純資産額は10,000百万円のままである。

　入学定員と充足率を除けば、基本モデルと同じ数値が並んでいる。十分な学生生徒等納付金と補助金の確保から大学財政は安定化し、入学定員枠を拡大さ

えすれば、入学定員超過問題が解消できることがわかる

　確かに主要私立大学にとっては危機が回避できるかもしれない。だが、入学定員を増やせば文科省による当初の目的が達成されないばかりか、正反対の効果を引き起こしてしまう。都市圏の私立大学から地方私立大学に学生を呼び寄せるために充足率を引き下げたにもかかわらず、逆に学生が都市圏に一層集中するからである。

　これでは定員割れに苦しむ地方私立大学はさらに経営が悪化するばかりでなく、政府が目指す地方創生という本来の目標に反することにもなる。もちろん、それを回避するため、定員増の認可や新学部設置の判断基準をいままで以上に厳しくするであろう。だが、私立大学である限り基準を満たせば、その動きを止めることができないと思われる。

　そうすると、都市圏の主要私立大学は収容学生数を増やしながら、規模を拡大させ続けることになる。個別大学の経営にとって合理的な展開かもしれないが、今後の日本経済を考えればある程度の歯止めも必要な気がする。

　そこで、次に主要私立大学にとっても日本経済にとっても好ましい展開を考察してみたい。

(3)　長期経営戦略

　私立大学は学生生徒等納付金に全面的に依存しているが、こうした収入構造はいずれ時代の流れにそぐわなくなる。また、わが国の深刻な財政赤字の状況から見ても、かつてのような補助金の増大に期待するわけにもいかない。

　その中で大都市圏の主要私立大学はとりわけ組織の大きさから寄付金が集まりやすく、資産運用もそれなりの取組みを示している。いまのところ、どの私立大学も帰属収入に占める寄付金・運用収益等の割合はまだ低いが、将来的にはその比率を高めていくであろう。

　そうした姿を実現するにはかなりの時間を必要とするので、ここでは長期経営戦略と呼ぶことにしよう。図表4-5(3)では、そのケースを扱ったシミュレーション結果がいままでと同様に初年度と20年後に分けて整理されている。

このケースの特徴は入学定員を 2,000 人としながらも、充足率を 100% に抑えていることにある。しかも退学率を 5 % から 10% に引き上げている。先ほどの収容学生数を増大させる中期経営戦略とはまったく逆の動きである。

そのため、収容学生数は当初の 8,000 人から最終的に 5,715 人まで減少している。これでは学生生徒等納付金の大幅な削減から大学財政が悪化する。それを食い止めるために、寄付金・運用収益が 160 百万円から 1,600 百万円に増えている。その結果、帰属収支差額は黒字状態が続き、20 年後の純資産額は当初の 10,000 百万円から 13,994 百万円に拡大している。

これならば理想の状態に近づきつつある。主要私立大学の収容学生数が減少することで、その分の学生が地方私立大学に向かっていく。地方私立大学は定員を確保できるだけでなく、若者の回帰から地方経済も活性化できる。まさに政府が意図したシナリオ通りの展開が期待できる。

言うまでもなく、充足率を 100% に抑えながら退学率を高めれば、学生に向けた厳しい指導が可能となる。このことは研究活動にも波及し、学問の質が向上するだけでなく、究極的には社会貢献にもつながり、大学への寄付金が増大するきっかけにもなる。

さらに外部からの資金獲得という経営姿勢が常態化すれば、その資金を内部に蓄積し有効に運用する動きにも刺激を与える。資産運用の高度化はいままで以上に運用収益を拡大させると予想される。

したがって、充足率を厳格化し退学率を引き上げれば、私立大学が獲得する寄付金・運用収益等もそれに応じて高まるであろう。こうした大学経営の好循環は決して実現不可能なことではないと思われる。

第 5 節　不確実性下における私立大学の経営モデル

(1)　不確実性下の基本モデル

いままで充足率、退学率、そして寄付金・運用収益等が確定変数として大学経営モデルに組み込まれてきたが、やはり確率変数として扱ったほうが現実的

第 2 部　大学経営を取り巻く諸問題

図表 4 - 6　不確実性下における主要私立大学の基本モデルと中期・長期経営戦略

			(1)　基本モデル	(2)　中期経営戦略	(3)　長期経営戦略
			初期設定	初期設定	初期設定
【1】基本データ					
入学定員		（人）	2,000	2,400	2,000
充足率	期待値	（％）	120	100	100
	標準偏差	（％）	12	10	10
入学者数		（人）	2,400	2,400	2,000
収容学生数		（人）	8,000	8,000	8,000
退学率	期待値	（％）	5	5	10
	標準偏差	（％）	0.5	0.5	1.0
退学者数		（人）	400	400	800
卒業者数		（人）	2,000	2,000	2,000
【2】収入データ					
一人当たり授業料		（百万円）	1	1	1
学生生徒等納付金		（百万円）	8,000	8,000	8,000
補助金		（百万円）	640	640	640
寄付金・運用収益等	期待値	（百万円）	160	160	1,600
	標準偏差	（百万円）	16	16	160
帰属収入		（百万円）	8,800	8,800	10,240
【3】支出データ					
収容学生数の初年度比			1.00	1.00	1.00
消費支出係数			1.10	1.10	1.10
消費支出		（百万円）	8,800	8,800	8,800
【4】財務データ					
帰属収支差額		（百万円）	0	0	1,440
純資産額		（百万円）	10,000	10,000	10,000

	(1)　基本モデル	(2)　中期経営戦略	(3)　長期経営戦略
【5】最終的な不確実性の影響			
純資産額＞10,000　の確率　　（％）	22.50	82.50	85.00

（注）網掛け部分は確率変数の期待値と標準偏差を示している。

であろう。

　充足率をある値にコントロールしようとしても、実際は意図したものとは
違った結果が生じることがしばしばある。受験生の流れは絶えず変化し、その
動きを読み取るのは不可能に近いからである。

　退学率も同様であり、確定した数値が得られないまま年度ごとに変化してい
る。まして寄付金・運用収益等ならば経済環境の変化を敏感に受けるため、予
想することさえ難しいかもしれない。

　したがって、私立大学の経営モデルを現実に近いように修正しようとするな

第4章　主要私立大学の入学定員超過問題と経営戦略

らば、これら3つの要因に不確実性を加えなければならない。そこで、充足率、退学率、寄付金・運用収益等の3つの確率変数に期待値と標準偏差を与えることで、いままでの確定的な大学経営モデルから不確実性下の大学経営モデルに置き直したい。

　図表4-6(1)(2)(3)は不確実性下の大学経営モデルを3つのケースに分けながら、純資産額が初期値の10,000百万円を上回る確率をモンテカルロ法から計測している。この確率が高いほど大学経営は財務力があると言える。

　図表4-6(1)は先ほどの図表4-5(1)の基本モデルに不確実性を加えたものであり、充足率、退学率、寄付金・運用収益等について以下のような期待値と標準偏差を与えている。どれも期待値の数値は基本モデルと同じであるが、標準偏差はそれぞれ期待値の10%分の数値が与えられている。

充足率 ………………………	期待値	120%	標準偏差	12%
退学率 ………………………	期待値	5%	標準偏差	0.5%
寄付金・運用収益等 ……	期待値	160百万円	標準偏差	16百万円

　ここでは、不確実性下の基本モデルの初期設定と純資産額が初期値を上回る確率が示されている。その確率を見ると、たった22.50%である。直感的に見てかなり低い数値である。このことから帰属収支差額の赤字が頻繁に発生し、純資産額が毀損される状況が予想される。

　図表4-7は、そのイメージがつかみやすいように純資産額の分布（パーセンタイル）をパーセント表示したものである。時間の経過とともに純資産額が初期値の10,000百万円を下回る領域の大きさが、リスク評価分析の成果として視覚からも確認できる。

(2)　不確実性下の中期・長期経営戦略

　前節の基本モデルでは不確実性を一切排除していたので、帰属収支差額は0百万円のまま推移していた。その結果、純資産額は20年後も初期値のままで

第2部　大学経営を取り巻く諸問題

図表4-7　不確実性下における純資産額の分布

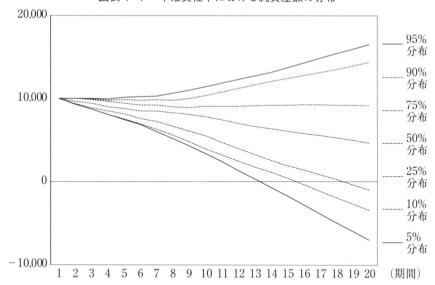

あった。だが、不確実性の要因が導入されると、違った姿が浮かび出されることに気づく。

　定員超過問題を解消するために充足率引き下げが文科省によって指導され、それへの対応策として新たな経営戦略が取られると予想した。だが、不確実性の要因を導入すると、必ずしも充足率引き下げがなくても、大学財政は毀損する可能性が高いことがわかる。

　近年の主要私立大学は定員増や新学部設置に向けて積極的に取り組んでいるが、この背景には不確実性の要因が影響しているとも考えられる。その中で充足率引き下げが行われれば、規模追求の動きが強まることは言うまでもないであろう。

　そこで、充足率引き下げの対応策として指摘した主要私立大学の中期・長期経営戦略について、不確実性下の枠組みの中で再び分析していくことにしたい。

　充足率を抑えながら入学定員を増やす、中期経営戦略から見ていこう。図表

第4章　主要私立大学の入学定員超過問題と経営戦略

4‑6 (2)では、不確実性下の中期経営戦略の初期設定と純資産額が初期値を上
回る確率が示されている。前節で分析した図表4‑5 (2)に対応した分析であ
り、入学定員が2,400人になっている。

その場合の充足率、退学率、寄付金・運用収益等の期待値と標準偏差は次の
通りである。ただし、期待値はそのままであり、標準偏差を期待値の10%分
の数値としている。

充足率 ……………………　期待値　　　　100%　　標準偏差　　　　10%

退学率 ……………………　期待値　　　　　5%　　標準偏差　　　0.55%

寄付金・運用収益等 ……　期待値　160百万円　　標準偏差　　16百万円

最終的に純資産額が初期値を上回る確率は、82.50%である。基本モデルで
は22.50%であったので、かなり高まっている。このことから入学定員を増や
す中期経営戦略は、私立大学の財務力を高める効果を持っていることが不確実
性下の経営モデルからも確認できる。

それでは、図表4‑5 (3)の長期経営戦略を不確実性下の大学経営モデルに採
用したならばどうなるであろう。入学定員を増やさず、しかも退学率を高めな
がら、寄付金・運用収益等だけを大幅に増やすケースである。図表4‑6 (3)で
は、不確実性下における長期経営戦略の初期設定と純資産額が初期値を上回る
確率が示されている。

その場合の充足率、退学率、寄付金・運用収益等の期待値と標準偏差は次の
通りである。いままでと同様に期待値は変わらず、標準偏差について期待値の
10%分の数値としている。

充足率 ……………………　期待値　　　　100%　　標準偏差　　　　10%

退学率 ……………………　期待値　　　　10%　　標準偏差　　　 1.0%

寄付金・運用収益等 ……　期待値　1,600百万円　　標準偏差　160百万円

第2部　大学経営を取り巻く諸問題

　純資産額が初期値を上回る確率は、85.00％である。基本モデルの場合の確率が22.50％であるので、これよりもはるかに高い数値である。また、中期経営戦略の82.50％よりも高い確率である。

　先ほどの確定的な大学経営モデルでも純資産額に及ぼす影響は、長期経営戦略のほうが基本モデルや中期経営戦略よりも好ましい結果をもたらしていた。このことは不確実性下においても、同様のことが当てはまるようである。

第6節　今後の経営戦略

(1)　規模追求型と質重視型の大学経営

　大都市圏を基盤とする主要私立大学の入学定員超過問題は、定員割れの地方私立大学にとって深刻な影響をもたらしている。文科省はこの問題を解決するため、主要私立大学に入学定員充足率の引き下げを求めている。これにより若者を地方に引き戻すことで、政府が目指す地域経済の活性化にも役立つと考えられている。

　主要私立大学はこうした監督官庁である文科省の指導に対して全面的に従わなければならないであろう。だが、入学定員充足率の引き下げで大学財政は以前よりも確実に弱まっていく。未来永劫にわたって建学の精神を人々に浸透させることを理念とする限り、大学財務の健全性は大学経営を運営するうえで最も重視しなければならない要因である。

　本章では入学定員充足率の引き下げに対応しながら大学財務を健全化させる方法として、2種類の経営戦略を指摘した。図表4－8(1)(2)はそのことを示したものであり、経営戦略の相違についてわかりやすく描いている。

　どちらの図も縦軸に帰属収入・消費支出を取り、横軸に学生数を置きながら帰属収入曲線と消費支出曲線の2本の曲線が引かれている。帰属収入曲線は学生生徒等納付金の影響を受けるので、学生数と正の関係にあり、右上がりとなる。また、消費支出曲線も学生数と正の関係にあるため、右上がりとなる。

　両曲線とも右上がりであるが、形状は帰属収入曲線の方が消費支出曲線より

第4章　主要私立大学の入学定員超過問題と経営戦略

も急な傾きとして描かれている。もし、この前提が否定されれば、大学はもともと存在しないことになる。なぜなら、設立当初から将来にわたって赤字が持続するからである。そうした脆弱な財務体質を大前提にしながら私立大学が創設されることは有り得ないであろう。

　帰属収入曲線と消費支出曲線が一致するA点で学生数S_0が決定され、新た

図表4-8　不確実性下における純資産額の分布

（1）中期経営戦略—規模追求型の私立大学—

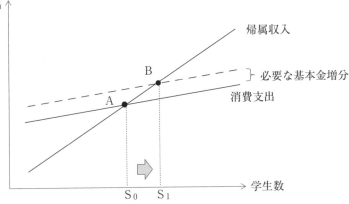

（2）長期経営戦略—質重視型の私立大学—

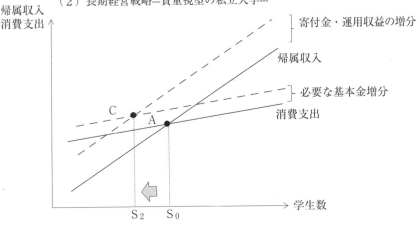

109

に必要な基本金増分が発生したと仮定しよう。校舎等の施設・設備を充実させるために是非とも必要な金額である。この図では資金の賄い方として2種類の経営戦略が対応づけられている。

図表4-8(1)は中期経営戦略と呼ぶ規模追求型の私立大学を表している。学生数を増やすことで帰属収入を高め、そこから新たに必要な基本金を組み入れていく方法である。その場合、帰属収入曲線と必要な基本金増分だけ上方にシフトした消費支出曲線が交わるB点から、学生数S_1が決定づけられる。

日本を代表する主要私立大学は、この経営戦略を積極的に取り入れている。学生数を増やすことで、基本金を通じて純資産額が拡大している。入学定員充足率の引き下げが行われれば、さらにこの動きが加速すると思われる。

それに対して図表4-8(2)は長期経営戦略と呼ぶ質重視型の私立大学を表している。必要な基本金増分を寄付金・運用収益等の増分によって賄うのである。それゆえ、帰属収入曲線は上方にシフトするため、2つの曲線が交わるC点で学生数S_2が決定づけられる。

学生数がS_0からS_2まで減少するので帰属収入も減少し基本金増分を賄うのが難しくなるが、新たに寄付金・運用収益等の増分が発生することで財務の問題が解消される。しかも学生数が減少する中で校舎等の施設・設備が拡充すれば、学生に向けた教育・研究はいままで以上に改善される。それゆえ、質重視型の大学運営が展開されることになる。

(2) 米国の大学経営

規模追求型の経営戦略はすでに主要私立大学で積極的に取り入れられているが、いずれ限界が見えてくるだろう。いくら学生数を増やすことで財務力が安定しても、本来の大学が目指す教育理念に近づいていくとは限らないからである。ある段階で教育・研究にウエイトを置いた質重視型の経営戦略に転換していくだろう。

そのためには、帰属収入に占める寄付金・運用収益等の割合を高めていかなければならない。現状では理想からかなり離れているが、米国の主要私立大学

第4章　主要私立大学の入学定員超過問題と経営戦略

ではすでに実践している。そこでは多額の寄付金を原資とする大学基金が効率的な資産運用から高い運用収益を獲得し、その資金が大学本体の運営に利用されている。

典型的な事例としてハーバード大学を取り上げると、学生生徒等納付金の全収入に占める割合は20%にも達しないが、投資収入の割合は30%台後半である。同大学基金が抱える4兆円もの巨額資金を運用することで、大学本体に向けて投資収入が生み出されているのである。

これならば質の高い教育・研究活動が可能となる。しかも大学基金の原資は各方面から獲得した寄付金であるため、社会の要求に見合った活動を展開しない限り、資金が途絶えてしまう。それゆえ、絶えず大学は運営をチェックし続けることになる。

そのことは補助金の獲得にもつながる。米国では競争原理に従って研究費の獲得が決定づけられるため、高度な教育・研究を行う大学に補助金が流れていく。これにより大学の運営は相乗効果が作用し、さらに拡大していく。

わが国の主要私立大学がすぐさま米国流の大学経営スタイルを踏襲できるわけではない。しかし、入学定員超過問題をはじめとするさまざまな課題が突きつけられるにつれて、時代の要請に相応した経営戦略を採用せざるを得なくなる。

規模追求型の経営戦略は実行しやすいが、長期的には質重視型の経営戦略を展開する米国流の大学経営スタイルに近づいていくように思われる。そのためには、寄付金を通じて社会が大学に積極的に関与するシステムを構築していかなければならない。

人々がそのシステムを素直に受け入れない限り、長期経営戦略の展開は難しいであろう。入学定員超過問題をきっかけに大学と社会の関係についても真剣に考えていくべきだと思われる。

第2部　大学経営を取り巻く諸問題

付録4-1　私立大学の経営モデル

	変数	単位	定義
□	収容学生数	std	初期学生数
□	純資産	JPY	初期基本金
⊸⊙▷	入学者数	std	入学定員＊充足率
⊸⊙▷	卒業者数	std	収容学生数/4
⊸⊙▷	退学者数	std	収容学生数＊退学率
⊸⊙▷	帰属収支差額	JPY	帰属収入－消費支出
○	収容学生数の初年度比		収容学生数/初期学生数
○	学生生徒等納付金	JPY	収容学生数＊1人当たり授業料
○	帰属収入	JPY	学生生徒等納付金＋寄付金・運用収益等＋補助金
○	消費支出	JPY	収容学生数＊1人当たり授業料＊消費支出係数
○	消費支出係数		GRAPHLINAS（収容学生数の初年度比, 1, 0.01,{1.100,1.090,1.080,1.070,1.060,1.050, 1.040,1.030,1.020}）
◆	充足率	％	120 <<%>>
◆	入学定員	std	2000 << std >>
◆	初期基本金	JPY	10000 << JPY >>
◆	初期学生数	std	8000 << std >>
◆	寄付金・運用収益等	JPY	160 << JPY >>
◆	補助金	JPY	IF（充足率<=120 <<%>>,640 << JPY >>, 0 << JPY >>）
◆	退学率	％	5 <<%>>
◆	1人当たり授業料	JPY/std	1 << JPY >>/1 << std >>

第 5 章 東京 23 区私立大学の定員増規制の影響

第 1 節 大学経営の転換

(1) 人口の偏在

　東京一極集中はわが国のさまざまな領域に歪みをもたらす深刻な問題となっている。少子高齢化が確実に進行する中で東京だけに人口が流入すれば、地方経済はますます疲弊する。日本経済を活性化させるためにもこの問題を無視するわけにはいかない。

　総務省が発表した 2017 年 1 月 1 日時点の人口動態調査によると、日本人の総人口が 8 年連続して減少している。出生数は 100 万人を割り、少子化が鮮明になっている。三大都市圏でさえ関西圏（京都、大阪、兵庫、奈良の 4 府県）と名古屋圏（愛知、岐阜、三重の 3 県）では、人口が減っている。

　その中で東京圏（東京、千葉、埼玉、神奈川の 4 都県）への人口集中が際立っている。とりわけ、東京都の人口増加率は 47 都道府県でトップの前年比0.6％増であり、人口は 1,300 万人の大台に乗っている。雇用機会を求めて全国から東京に流入するためである。

　この状態が続けば、東京と地方の間に経済格差が広がるばかりである。政府はあらゆる角度から東京一極集中の是正を目指している。その具体的対策のひとつとして持ち出されたのが、東京 23 区私立大学の定員増規制である。

　2017 年 6 月に閣議決定した「まち・ひと・しごと創生基本方針」ならびに「骨太方針」で、東京 23 区内の大学は定員を増やせない方針が打ち出されたの

である。これを受けて文部科学省は、2018年度から東京23区内では原則として大学の定員増を認めない方向に動いている。また、19年度は定員増に加えて大学設置も認可しないことを正式に告示している。

若者の東京一極集中を抑制することで、地域経済の活性化を狙った政策である。これにより定員割れに苦しむ地方の私立大学の救済にも結びついていく。若者が地元の大学で勉学に励み、卒業後もそのまま定着すれば地域の振興にも期待できる。全国の大学生の約2割を占める東京23区内の大学を対象にした定員増規制は、そうした発想から生み出されたのである。

すでに文科省は、2016年度から補助金の不交付を条件づけながら入学定員の厳格化を実施している。入学定員を規定の範囲内に収められなかった私立大学に補助金が交付されない措置をとっている。ところが、定員充足率が規制の対象であるため、入学定員そのものを増やすことで問題が回避できる。

これでは当初の思惑と違った方向に進んでしまう。主要私立大学がいままで以上に学生を確保する一方で、地方の私立大学は定員割れの状態が拡大するので、地域経済は一層悪化する。今回の東京23区内の私立大学を念頭に置いた定員増規制は、過去の対策の欠点を完全に封じる措置でもある。

もちろん、私立大学の多くは定員増規制に対して猛烈に反発しているうえ、日本私立大学連盟は学問の自由や教育を受ける権利への重大な制約になるという内容の声明を公表している。また、地方に就職できる環境が整備されない限り、いくら若者を地方の大学に戻しても、いずれ東京に就職を求めて流れていくので効果は打ち消されてしまう。

実際、若者の東京への転入は進学時の10代後半よりも、就職時の20代前半のほうが圧倒的に多い。もともと地方の大学生が就職先を求めて東京に向かっているのである。これではいくら定員増規制を設けても持続可能な地域経済の発展は臨めない。定員割れの地方の私立大学にわずかながら緩和が期待できるだけであろう。

第5章 東京23区私立大学の定員増規制の影響

(2) 規模重視から質重視の大学経営

確かに東京23区内の大学を対象にした定員増規制は、政府の思惑に反して地域経済の活性化に結びつくようには思われない。それでも何もしなければ、東京一極集中はさらに加速するのも事実であろう。それゆえ、この規制を受け入れていかざるを得ないのが現状である。

それでは定員増規制が将来にわたって適用され続けた場合、東京の主要私立大学はどのような影響を受けるのであろうか。いままでは定員増を繰り返しながら経営規模を拡大させる戦略が取られてきた。これにより大学価値の向上と経営基盤の強化が同時に達成された。

だが、新規制が適用されれば定員が増やせないので、従来の拡大戦略が封じられてしまう。新たな動きに転じなければ東京の私立大学は自然と衰退の道を歩む。政府もそのことに留意し、大学にスクラップ・アンド・ビルドの徹底を唱えている。つまり、既存の学部等を改廃し、社会ニーズに応じた新学部・学科の新設を指摘している。

これならば定員が定められても大学価値の向上が達成できる。規模重視の経営から質重視の経営への転換である。定員増規制は東京の私立大学に大きな変化を促すきっかけを与えたといえる。

スクラップ・アンド・ビルドは効率的な大学経営を展開するうえで必要不可欠な政策である。だが、学部の統廃合や新学部設置を繰り返すだけではいずれ大学価値の向上に限界が生じる。

今日の私立大学は学生の御父母から受け取る授業料等納付金が主要な財源となっている。そのため、基本的に教育活動にウエイトを置かざるを得ない。ところが、定員増規制のもとで学生数が伸びない限り、教育活動にも大きな制約が生じる。それを補うのが研究活動である。

いままで以上に研究活動を拡大すれば、社会からの評価が高まっていく。大学価値の持続的向上を目指す限り、教育活動に大きな制約が課される状況のもとでは、大学のもうひとつの使命である研究活動に向かっていかざるを得ない。

第2部　大学経営を取り巻く諸問題

　また、定員増規制は東京の私立大学だけに変化をもたらすものではない。時間の経過に伴い、全国の私立大学にも影響を及ぼしていくものと推察できる。大学間の競争が強まるほど研究活動にもウエイトを置いた経営が、東京以外の私立大学にも浸透していく。

　ただ、研究活動を高めようとしても財源を確保しないことには始まらない。定員増が繰り返された時代ならば、授業料等収入の一部を研究活動に充当しても十分な成果が上げられた。だが、これからはかなり難しい。研究活動を持続的に拡大させていくには、外部資金の確保が重要になってくる。

　もちろん、研究資金を大学以外の民間組織から獲得するだけでなく、国からの補助金も必要である。さらに、寄付金も研究活動を支える財源になる。あるいは、大学資金から生み出される運用益も無視できない。こうした外部資金が絶えず円滑に大学に流入しない限り、持続可能な研究活動はできない。

　したがって、これからの私立大学は研究活動を高めていくうえで外部資金調達能力の向上が絶対的な条件となる。しかも、研究活動を通じて大学価値が高まれば外部資金もそれに伴って増えるので、正のスパイラルが描ける大学とそうでない大学との間に格差が生じると予想される。

　このように東京23区私立大学の定員増規制はいままでの大学経営に大きな転換をもたらす要因となる。本章ではシステムダイナミックス・ソフトのPowersim Studio を用いながら、変化する大学経営の姿を描いてみることにしたい。これにより大学組織そのものが動かざるを得ないことがわかる。

　なお、モデルで展開する具体的な数値は本文で説明しないが、詳細な取り扱いについては章末の付録5-1と付録5-2に記している。関心のある読者はモデルの方程式をながめてもらいたい。

第2節　大学経営の全体像

(1)　ブランド価値の形成メカニズム

　大学に求められた最終的な目標は大学価値の最大化にある。大学価値とは教

第5章　東京23区私立大学の定員増規制の影響

育・研究活動がもたらす社会への貢献である。今日の大学は狭い意味の教育・研究活動だけに留まらず、そこから派生するさまざまなサービスが社会の要求を満たしている。ここではもう少しわかりやすい表現として大学のブランド価値という用語を用いる。大学への信頼感も含めた総合的なニュアンスを持つ言葉である。

図表5-1はそうした大学の「**ブランド価値**」が「**教育活動**」と「**研究活動**」から形成されるメカニズムが示されている。2つの活動が合わさった「**教育・研究活動**」が毎期ごとに流入する一方で、「**ブランド価値喪失**」が流出することからブランド価値が決定される。

このうち教育活動は複数の学部から成り立っている。ここでは「A学部」と「B学部」という2つの学部が存在し、「**大学の定員**」と「**学部配分**」によってそれぞれの学部の定員が求められる。ただし、学部配分はA学部の比率を意味する。したがって、A学部の定員は大学の定員に学部配分を掛けたものであり、B学部の定員は大学の定員に（1－学部配分）を掛けたものとなる。

従来の大学経営は単純であった。定員さえ増やせば学部配分を見直さなくても自然と教育活動が拡大し、ブランド価値の増大に結びついていった。ところが、定員増規制のもとでは大学の定員そのものが固定化されるので、学部配分

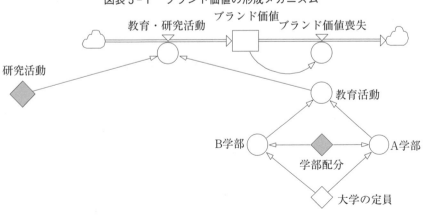

図表5-1　ブランド価値の形成メカニズム

を変えない限り、ブランド価値は高まらない。

　学部間の比較優位に基づきながら最適な学部配分を決定づけ、そこから大学全体で最も高いブランド価値を生み出していく。もちろん、時代の流れに伴ってブランド価値の形成要因も大きく変化していくので、絶えず学部配分を適切にコントロールする必要がある。

　こうして見ていくと、定員増規制は学部間の競争を促す刺激的な誘因になることがわかる。競争を繰り返しながら相対的に魅力的な学部は定員を増やし、劣位にある学部は定員を減らしていく。

　大学内での競争は既存の学部だけにとどまらない。スクラップ・アンド・ビルドに従えば、新学部が設置されると既存の学部は一部消滅せざるを得なくなる。このほうが大学のブランド価値が高まるからである。したがって、定員増規制のもとでは絶えず大胆な経営改革が求められることになる。

(2)　基本金の形成メカニズム

　大学は教育・研究活動を通じて社会に貢献するが、それらの活動を支えていくには財源の確保が必要不可欠である。いままでは定員さえ増やせば授業料等納付金も増えたので、安定した経営が展開しやすかった。

　だが、定員増規制が実施されれば事情が全く異なる。ブランド価値を高めようとしても定員が増えないために、学生からの収入増が望めない。対策として授業料の値上げが考えられる。これならば定員を増やさなくても財源が確保できる。それでも、頻繁に授業料を引き上げるのは難しいかもしれない。

　学生に負担を掛けずに財源を確保するには、外部資金の調達しかないであろう。代表的な調達ルートとして以下の４つが挙げられる。

　第１のルートは外部組織から獲得する研究資金である。社会から期待される研究として客観的に評価されれば、研究資金の獲得が高まっていくはずである。定員増規制のもとで大学のブランド価値を高めていくには、研究活動に依存せざるを得ない。研究資金の獲得は今後の私立大学にとって重要な位置を占めていくと思われる。

第5章　東京23区私立大学の定員増規制の影響

　第2のルートは国や自治体から交付される補助金である。私立大学は国立大学法人に比べて予算に占める補助金の割合がかなり小さい。だが、これからは社会への貢献をアピールすることで補助金の増大が望まれる。

　第3のルートは寄付金である。大学があらゆる領域で目覚しい活躍を繰り広げれば、期待感から寄付金が集まって来る。使途自由な性格を持つ寄付金は大学のあらゆる活動に利用できるので、極めて魅力的な財源である。

　第4のルートは大学が保有する資金から得られる運用益である。債券や株式といった有価証券等の運用から利息・配当金等が大学に流入する。ハイリスクな運用を実践すればハイリターンな成果を生み出すので、資金運用は大学経営にとって無視できない業務となっている。

　そのほかにもさまざまな外部資金の調達ルートがあるが、いま指摘した4つのルートが代表的なものである。どのルートもブランド価値が高まるにつれて、資金の流入も増える傾向にある。教育・研究活動を通じて大学に対する信頼が高まるので、外部資金は増大していく。外部資金の調達とブランド価値が正のスパイラルを描けば、まさに大学の持続的発展が可能となる。

　図表5-2はそうした大学の財務の側面を描いたものであり、大学の諸活動から生じる収入と支出の流れが最終的に基本金にどのような影響を及ぼしていくかを示している。

　まず、「教育活動」と「研究活動」を繰り広げることで「コスト」が発生する。それを「収入」でどれだけ賄えるかをみたものが「収支差額」である。黒字であれば「基本金」に流入し、逆に赤字であれば流出していく。「基本金喪失」も基本金を減らす要因として作用する。

　大学が持続的に発展していくには、収支差額が黒字でなければならない。そのためには大学に流入する資金として「一人当たり授業料」と「大学の定員」を掛け合わせた「学生納付金」を確保しなければならない。

　だが、それだけでは不十分なため「外部収入」が重要な役割を果たす。これは「ブランド価値」の影響を受けるが、大学自身による独自の取り組みも必要である。「外部資金調達力」はさまざまなルートを通じて外部から資金を調達

119

図表5-2 基本金の形成メカニズム

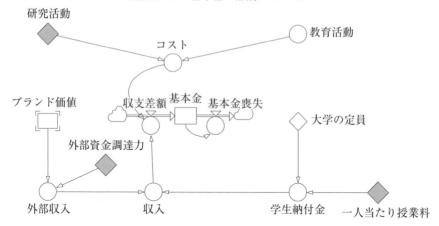

する大学の経営努力を表している。

(3) 大学経営の2分法

　大学を評価する場合、どのような教育・研究活動が実践されているかに関心が払われる。このモデルで表現すれば、ブランド価値の形成メカニズムに相当する領域である。だが、大学が持続可能な発展を遂げていくには、財務の健全性にも注目しなければならない。それは基本金の形成メカニズムに相当する領域である。

　一般に大学経営を論じる場合、2つの領域を切り離しながら分析する傾向が強い。その意味では「大学経営の2分法」と呼べるかもしれない。従来の経営システムのもとでは、大学の定員と学生の納付金が2つの領域をつなぐ主要なパイプであった。

　その結果、定員さえ増やせばブランド価値だけでなく基本金も自然と増えていく。この場合、教育・研究活動から生み出されるブランド価値に注目すればよく、財務の健全性との絡みにそれほど注意を払う必要性がなかった。それゆえ、2つの領域を分けながら大学経営を捉える傾向にあった。あるいは、ブランド価値だけに注目すればよかったのかもしれない。

第5章　東京23区私立大学の定員増規制の影響

　だが、定員増規制が実施されれば、資金調達について別のパイプが求められる。それが外部収入である。外部収入はブランド価値の増減に強く影響を受けるので、いままでと異なり2つの領域の相互依存関係にも注意が払われるようになる。

　そのためブランド価値だけを意識し、財務の健全性を軽視する時代は過ぎ去ろうとしている。絶えず両者をチェックしながら、好循環が期待できるような関係に留意しなければならない。とりわけ、外部収入はブランド価値に依存するので、外部資金調達状況を見ることで大学本来の活動が正確にとらえられる。それゆえ、大学経営の2分法という考え方が徐々に薄れていくと思われる。

　大学経営を展開するうえで、ブランド価値を正確に把握するのはかなり難しい。ブランド価値を高めようとさまざまな活動を試みるが、計測できないために無意味な行動を繰り広げる場合も多い。だが、ブランド価値と基本金の間に緊密な関係が生じれば、財務内容を見るだけでブランド価値の状況をある程度判断できる。

　もし誤った教育・研究活動を行っていればコストだけが増え続け、それに見合った収入が得られない状態が発生する。その場合、収支差額が赤字となり、大学の基本金を取り崩していく。財務の健全性が弱まるだけにとどまらず、基本金がマイナスの債務超過状態に陥る恐れもでてくる。そうならないためにも、財務の健全性に留意しながら、ブランド価値の形成についてチェックしていかなければならない。

　単純に解釈すれば、収支差額が黒字で基本金が増えていけば、大学は社会に貢献した活動を展開していると言える。それがブランド価値の向上である。反対に収支差額が赤字で基本金が減り続ければ、誤った活動を展開していると判断できる。その場合はブランド価値が喪失していることになる。

　このように定員増規制をきっかけにしながら、大学はブランド価値と基本金の関係に注目する時代に突入しつつある。そこで、次節では2つの領域を統合したモデルを用いながら、定員増規制が大学経営にどのような影響を及ぼすか

を分析していきたい。

第3節　短期経営モデル―10年モデル―

　いままで大学経営のモデルをブランド価値の形成メカニズムと基本金の形成メカニズムに分けながら説明してきたが、これら2つの領域を統合すると図表5-3のようになる。この図を眺めることで、大学全体の流れが理解できるであろう。

　ここでは短期経営モデルとして主要変数であるブランド価値と基本金に焦点を当てながら、10期にわたってそれらの動きを求めていく。1期が1年と想定すれば10年モデルと言える。

　図表5-4は以下に示す6つのケースを対象にしながら、ブランド価値と基本金の動きを追ったものである。第0期のブランド価値は100であり、基本金は3,000百万円である。そこを出発点として第10期までの推移が整理されている。

図表5-3　短期経営モデル―10年モデル―

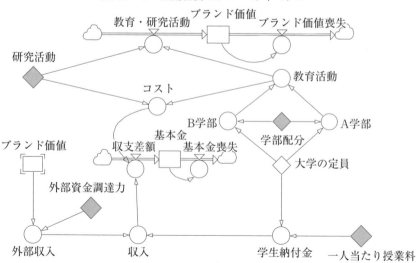

第 5 章　東京 23 区私立大学の定員増規制の影響

図表 5 - 4　短期経営モデルによるブランド価値と基本金の推移—10 年モデル—

モデルの特徴	(1) 基本モデル		(2) 不適切な学部配分		(3) 大学の定員増加	
	初期値		初期値		初期値	
学部配分	0.65		0.50		0.65	
大学の定員	10,000		10,000		12,000	
研究活動	1,000		1,000		1,000	
一人当たり授業料	0.80		0.80		0.80	
外部資金調達力	3.00		3.00		3.00	
期　　間	ブランド価値	基本金	ブランド価値	基本金	ブランド価値	基本金
第 0 期	100	3,000	100	3,000	100	3,000
第 1 期	159	2,815	157	3,190	166	3,041
第 2 期	207	2,691	203	3,425	218	3,139
第 3 期	245	2,612	240	3,694	260	3,281
第 4 期	275	2,571	270	3,987	294	3,457
第 5 期	299	2,558	293	4,297	321	3,657
第 6 期	319	2,568	312	4,618	342	3,874
第 7 期	334	2,595	327	4,945	360	4,104
第 8 期	347	2,635	339	5,274	373	4,341
第 9 期	357	2,684	349	5,603	384	4,583
第 10 期	365	2,741	356	5,931	393	4,827

モデルの特徴	(4) 研究活動増加		(5) 研究活動増加 一人当たり授業料増加		(6) 研究活動増加 外部資金調達力増加	
	初期値		初期値		初期値	
学部配分	0.65		0.65		0.65	
大学の定員	10,000		10,000		10,000	
研究活動	2,000		2,000		2,000	
一人当たり授業料	0.80		0.95		0.80	
外部資金調達力	3.00		3.00		20.00	
期　　間	ブランド価値	基本金	ブランド価値	基本金	ブランド価値	基本金
第 0 期	100	3,000	100	3,000	100	3,000
第 1 期	165	1,515	165	3,015	165	2,025
第 2 期	218	139	218	3,089	218	1,476
第 3 期	260	▲ 1,144	260	3,208	260	1,258
第 4 期	293	▲ 2,347	293	3,360	293	1,299
第 5 期	320	▲ 3,479	320	3,537	320	1,539
第 6 期	341	▲ 4,550	341	3,732	341	1,931
第 7 期	358	▲ 5,566	358	3,941	358	2,439
第 8 期	372	▲ 6,532	372	4,157	372	3,033
第 9 期	383	▲ 7,454	383	4,379	383	3,690
第 10 期	392	▲ 8,336	392	4,603	392	4,390

(注) 基本モデルと異なる箇所のみ、網掛けにしている。単位は人、百万円。

第2部　大学経営を取り巻く諸問題

(1)　基本モデルのケース

まず、基本モデルとして大学の定員が 10,000 人であり、学部配分が 0.65 と
しよう。つまり、A 学部は 6,500 人、B 学部は 3,500 人となる。また、研究活
動は毎期 1,000 のブランド価値を生み出し、一人当たり授業料は 0.80 百万円、
外部資金調達力は 3.00 とする。

そうした初期条件に基づきながら、第 10 期のブランド価値を求めると 365
になる。この値は第 0 期の 100 を上回っているので、大学の教育・研究活動は
成果を上げていると言える。だが、収入以上のコストが掛かるため収支差額が
赤字となり、第 10 期の基本金は第 0 期の 3,000 百万円を下回った 2,741 百万
円となっている。

ブランド価値を高めている点では評価できるが、基本金が減少している。こ
れでは大学経営の持続性に不安を感じる。そこで、基本モデルと比較しながら
初期条件を変えたケースをそれぞれ見ていくことにしよう。

(2)　不適切な学部配分のケース

このケースは基本モデルの諸条件のうち、学部配分だけを 0.50 に変更した
ものである。そこから得られた第 10 期のブランド価値は 356 であり、基本モ
デルの 365 を下回っている。これは大学の定員が一定のもとでブランド価値を
最大化する最適な学部配分が 0.65 にもかかわらず、0.50 と置いたからであ
る。不適切な学部配分がブランド価値の低下をもたらしたのである。

その一方で、コストが削減されているので収支差額が黒字となり、基本金が
5,931 百万円となっている。基本モデルの数値だけでなく、初期値さえも上
回っている。財務の健全性では改善されているが、大学運営上の目標であるブ
ランド価値に関しては不十分な状態にある。

定員増規制のもとでは大学の定員が一定となるため、学部間の定員をめぐる
効率的な配分が重要となる。このケースはそのことを教えている。もちろん、
スクラップ・アンド・ビルドの徹底から既存の学部を廃止し新学部を設置する
ことで、さらにブランド価値を高める可能性も秘めている。

第 5 章　東京 23 区私立大学の定員増規制の影響

(3)　大学の定員増加のケース

　このケースは大学の定員だけが変更され 12,000 人となり、基本モデルの 10,000 人よりも 2,000 人ほど増えている。第 10 期のブランド価値は 393 であり、基本モデルの 365 よりも大きい。しかも、基本金は 4,827 百万円となり、良好な結果が得られている。

　定員が増えることで教育活動が高まり、そのことがブランド価値を引き上げている。しかも、学生納付金も増大するため、収支差額の黒字を通じて基本金も拡大している。大学運営において理想的な状況を生み出している。

　私立大学はいままで定員増を繰り返しながら、こうした発展を遂げてきた。だが、定員増規制のもとでは、2 つの変数を単純に高めていくのは難しい。何らかの経営転換が必要である。

(4)　研究活動増加のケース

　そこで、もうひとつの推進力である研究活動に注目が集まる。なぜなら、定員一定のもとでは教育活動だけに依存するわけにはいかないからだ。このケースでは、研究活動だけが基本モデルの 1,000 から 2,000 に増加している。これにより第 10 期のブランド価値は 392 となり、基本モデルのケースよりも増えている。

　確かに定員一定のもとでブランド価値を拡大させるには、研究活動を高めていかなければならない。だが、それではコストだけが余計に掛かり収入が追いつかないため、収支差額が赤字となり基本金は減少してしまう。実際、第 10 期の基本金は ▲ 8,336 百万円となり、債務超過状態に陥っている。

　その問題を解決するには一人当たり授業料の増加を試みたり、あるいは外部資金調達力の増加が必要になってくる。これにより収支差額は黒字になり、基本金は増大していくであろう。

(5)　研究活動増加と一人当たり授業料増加を組み合わせたケース

　このケースはブランド価値を高めるため、研究活動を 1,000 から 2,000 に増

125

第2部　大学経営を取り巻く諸問題

加させたうえ、収入を確保する手段として一人当たり授業料を 0.8 百万円から 0.95 百万円に値上げしたものである。

　これによりブランド価値は先ほどと同様に 392 でありながら、基本金は 4,603 百万円となっている。ブランド価値も基本金も初期値よりも上回っているので、大学経営として満足した結果が得られていることになる。

(6)　研究活動増加と外部資金調達力増加を組み合わせたケース

　授業料の値上げは学生に負担を強いる手法であり、安易に実行するわけにはいかない。そのため、外部資金調達力を強めていかざるを得ない。このケースは研究活動を 1,000 から 2,000 に増やしたうえで、外部資金調達力を 3.00 から 20.00 に拡張したものである。

　その結果、ブランド価値は 392 となり、基本金が 4,390 百万円となっている。どちらも初期値を上回っている。したがって、定員増規制により大学の定員が一定であっても、大学は持続的に発展していくことになる。

第4節　長期経営モデル—100 年モデル—

　前節では短期経営モデルを通じて、ブランド価値と基本金の動きを見てきた。ここでは長期経営モデルを用いながら、両者の動きをさらに長い期間にわたって観察したい。大学はゴーイングコンサーンとして永遠に存在することが、経営の大前提となっている。それゆえ、長期分析のほうがむしろ大学経営を考えるうえで重要であろう。

　図表 5 - 5 はそうした長期経営モデルを描いたものであり、先ほどの短期経営モデルに変数として増加率を加えている。また、図表 5 - 6 は以下に示す 6 つのケースごとに計算されたシミュレーションの結果が整理されている。これにより第 100 期までのブランド価値と基本金の動きを追っている。まさに 100 年に相当する長期の大学経営をイメージしている。

　ここでも先ほどと同様に学部配分、大学の定員、研究活動、一人当たり授業

第 5 章　東京 23 区私立大学の定員増規制の影響

図表 5-5　長期経営モデル―100 年モデル―

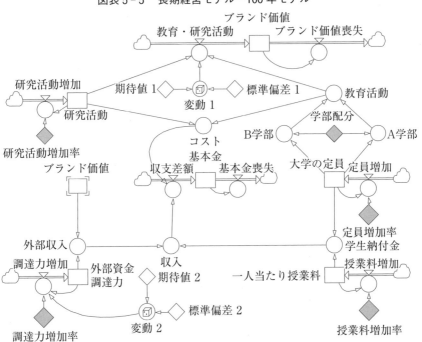

料、外部資金調達力がそれぞれ変化した場合のブランド価値ならびに基本金に及ぼす効果を見ていく。

　このモデルで留意すべきことは、教育・研究活動を通じたブランド価値の形成メカニズムに不確実性という要因が導入されている点である。長期で見れば人々の大学への要望も絶えず変化するので、期待値と標準偏差を定めながら確率変数を加えることで、ランダムな動きを取り入れるほうが長期経営モデルとして自然な姿であろう。

　さらに、外部資金調達力にも不確実性を導入している。外部収入は授業料収入と異なり、予想外の動きを見せる場合が多い。研究資金、補助金、寄付金、資金運用益といった代表的な外部収入は、いつでも同じ金額が大学に流入するわけではない。平均以上の資金が得られる年度もあれば、平均を下回った資金

第2部　大学経営を取り巻く諸問題

図表5-6　長期経営モデルによるブランド価値と基本金の推移—100年モデル—

モデルの特徴	(1) 基本モデル		(2) 不適切な学部配分		(3) 大学の定員増加	
	初期値	増加率	初期値	増加率	初期値	増加率
学部配分	0.65	0.0%	0.50	0.0%	0.65	0.0%
大学の定員	10,000	0.0%	10,000	0.0%	10,000	0.5%
研究活動	1,000	0.0%	1,000	0.0%	1,000	0.0%
一人当たり授業料	0.80	0.0%	0.80	0.0%	0.80	0.0%
外部資金調達力	3.00	0.0%	3.00	0.0%	3.00	0.0%
期間	ブランド価値	基本金	ブランド価値	基本金	ブランド価値	基本金
第0期	100	3,000	100	3,000	100	3,000
第10期	392	60,538	383	62,582	397	61,096
第20期	406	127,135	397	129,861	419	130,152
第30期	298	166,422	291	169,805	314	173,066
第40期	472	195,035	461	198,869	509	206,794
第50期	455	231,178	445	234,968	501	250,324
第60期	382	243,170	374	247,248	430	268,752
第70期	416	254,369	406	258,590	478	287,639
第80期	420	266,390	411	270,619	494	308,582
第90期	385	267,245	376	271,659	463	317,185
第100期	386	267,715	377	272,263	475	326,087

モデルの特徴	(4) 研究活動増加		(5) 研究活動増加 一人当たり授業料増加		(6) 研究活動増加 外部資金調達力増加	
	初期値	増加率	初期値	増加率	初期値	増加率
学部配分	0.65	0.0%	0.65	0.0%	0.65	0.0%
大学の定員	10,000	0.0%	10,000	0.0%	10,000	0.0%
研究活動	1,000	1.5%	1,000	1.5%	1,000	1.5%
一人当たり授業料	0.80	0.0%	0.80	0.5%	0.80	0.0%
外部資金調達力	3.00	0.0%	3.00	0.0%	3.00	0.5%
期間	ブランド価値	基本金	ブランド価値	基本金	ブランド価値	基本金
第0期	100	3,000	100	3,000	100	3,000
第10期	395	59,887	395	61,559	395	61,719
第20期	414	125,030	414	131,507	414	133,570
第30期	308	161,938	308	175,639	308	178,843
第40期	497	187,702	497	210,543	497	215,361
第50期	489	221,217	489	254,767	489	266,871
第60期	419	228,565	419	274,159	419	289,136
第70期	467	234,753	467	293,565	467	313,813
第80期	484	241,348	484	314,453	484	343,698
第90期	457	234,122	457	322,536	457	356,690
第100期	473	225,336	473	330,044	473	370,942

（注）基本モデルと異なる箇所のみ、網掛けにしている。単位は人、百万円。

第 5 章　東京 23 区私立大学の定員増規制の影響

しか得られない年度もあろう。したがって、外部資金調達力にもブランド価値
と同様に確率変数を加えている。

(1)　基本モデルのケース

　まず、基本モデルの初期条件として短期経済モデルと同様に学部配分が
0.65、大学の定員が 10,000 人、研究活動が 1,000、一人当たり授業料が 0.80
百万円、外部資金調達力が 3.00 とする。第 0 期のブランド価値は 100 であり、
同じく第 0 期の基本金は 3,000 百万円とする。ここを出発点にしながら、ブラ
ンド価値と基本金の動きを第 0 期から第 100 期にわたって追っていく。

　このケースでは、それぞれの変数が増加率 0 ％として設定している。全く増
減が見られない状態である。この条件のもとで第 100 期におけるブランド価値
を見ると 386 であり、基本金は 267,715 百万円となる。両者の変数とも 100 期
にわたって十分に増大していることがわかる。

(2)　不適切な学部配分のケース

　ここで扱うケースは、学部配分を最適な 0.65 から 0.50 に変更したものであ
る。そうすると第 100 期のブランド価値は 377 となり、基本ケースよりも低い
値が生じている。それでも基本金は 272,263 百万円となり、基本ケースよりも
上回っている。

　やはり、財務面で改善が見られてもブランド価値が下がっているので、最適
な学部配分から逸脱するのは好ましくない。したがって、不適切な学部配分が
認識された場合、学部間においてすぐに修正しなければならないことがわか
る。

(3)　大学の定員増加のケース

　このケースは、大学の定員を毎期ごとに 0.5％だけ増やしていくものであ
る。第 0 期の定員が 10,000 人なので、第 100 期には 16,467 人となる。定員が
着実に増えていくので、教育活動を通じたブランド価値は最終的に 475 とな

129

り、基本ケースよりも拡大している。さらに、基本金は 326,087 百万円となり、基本ケースを上回っている。

まさに理想的なケースであり、過去の大学が実践してきた経営スタイルである。だが、定員増規制のもとではこうした経営は全く期待できない。定員が増えない限り、ブランド価値も基本金も拡大が望めないからである。

(4) 研究活動増加のケース

定員増規制のもとでブランド価値を高めるには、研究活動に依存する以外に方法はない。このケースでは研究活動が毎期ごとに 1.5％ずつ増えていくことを想定している。第 0 期の研究活動が 1,000 であるので、第 100 期には 4,432 となる。

その結果、最終的にブランド価値は 472 となり、基本ケースを上回っている。しかしながら、基本金は 225,336 百万円となり、こちらは基本ケースを下回っている。研究活動を高めることで収入以上にコストが掛かるため、収支差額が赤字となり基本金を取り崩しているのである。

研究活動を増やすだけでは、大学経営がいずれ行き詰まってしまう。新たに収入を獲得する必要がある。その手段として一人当たり授業料を増やしたり、あるいは外部資金調達力を高めたりすることが考えられる。

(5) 研究活動増加と一人当たり授業料増加を組み合わせたケース

最初に、研究活動が先ほどと同様に毎期ごとに 1.5％ずつ増えていく中で、一人当たり授業料も同時に拡大していくケースを扱うことにする。授業料の伸び率は毎期 0.5％である。第 0 期の一人当たり授業料は 0.80 百万円なので、第 100 期には 1.32 百万円となる。

定員が増えなくても授業料が増えていくので、財政的に潤うことになる。それゆえ、最終的に基本金は 330,044 百万円となり、基本ケースを上回っていく。もちろん、ブランド価値は 473 であり、同じく基本金を上回っている。

ブランド価値も基本金も拡大しているので、これならば大学を運営していく

第5章　東京23区私立大学の定員増規制の影響

(6) 研究活動増加と外部資金調達力増加を組み合わせたケース

今度は研究活動が同じく毎期ごとに1.5%ずつ増えながら、外部資金調達力を増強させることで収入を補うケースを見ていこう。第0期の外部資金調達力が3.00であり、期間ごとに0.5%ずつ増えていくので、第100期には4.94になる。

このケースでは第100期のブランド価値が473となり、基本金は370,942百万円となる。研究活動を拡大することでブランド価値が高まるが、それを支えるために必要な資金が外部資金調達力の増強で十分に補われている。

図表5-7と図表5-8は実際にブランド価値と基本金の動きを基本ケースと比較しながら描いたものである。これにより、どちらも基本ケースを上回っていることがわかる。しかも、期間が進むにつれて基本ケースとの差が拡大していることも確認できる。

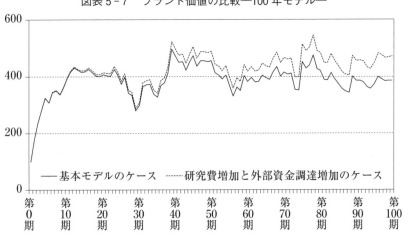

図表5-7　ブランド価値の比較—100年モデル—

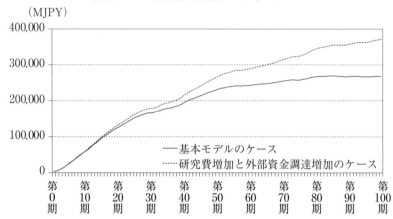

図表5-8　基本金の比較—100年モデル—

第5節　定員増規制下の大学経営

(1) ブランド価値の把握

　東京23区私立大学の定員増規制は、従来の大学経営を根本から覆す契機となるかもしれない。定員を増やすことで規模の拡大を続けてきた私立大学は、大学経営の方向性を大きく転換しなければならないであろう。

　最初に変化を促されるのは、学部間の競争である。大学の定員を一定とする中で効率的な運営を展開するには、比較優位の原則からブランド価値を多く生み出す学部に定員を増やし、相対的に劣位にある学部には定員を減らしていかなければならない。あるいは、スクラップ・アンド・ビルドから既存の学部を廃止し、新学部を設置していく必要がある。

　いかなる学部であれ、定員を減らされたり廃部に追い込まれるのを避けようとする。そのため、絶えず学部内で改革を繰り広げることで、ブランド価値向上の改善策が次々と打ち出されていく。だが、それでも学部間の競争だけではいずれ限界が生じるであろう。

　大学が永久に存在し社会への貢献を続けていくには、教育活動だけに依存す

第5章　東京23区私立大学の定員増規制の影響

るわけにはいかない。それに代わって期待されるのが研究活動である。いままでも力を入れてきた領域であるが、これからはさらにウエイトを高めていかざるを得ない。

　学部間の競争を通じて教育活動に力を入れながらも、次第に研究活動を活発に展開していくように思える。だが、これらの活動を円滑に繰り広げていくには、大学に所属する教員の流動化が条件となる。

　比較優位の原則に応じて学部の定員を効率的に動かしていくには、それぞれの学部に所属する教員も変えていかなければならない。同じように研究活動を深めていくには、最新の研究テーマを扱う教員を新たに集めて来なければならない。

　こうした変化に迅速に対応していくには、従来の終身雇用・年功序列といった硬直的な教員人事では難しい。いまでも任期制の教員採用は広がりを見せているが、その勢いは次第に増していくであろう。

　大学のブランド価値は外から見えにくいものである。第1章では受験者数の動きに注目したが、曖昧なところも多く、見方によっては否定する人もいるであろう。それゆえ、大学がどれだけ教育・研究活動を通じて社会に貢献しているかを客観的に計測する方法は、現在のところ無いに等しいと言えよう。それでも、いままでは定員増を通じて規模が拡大していれば、ブランド価値が高まっていると多くの人々は解釈してきた。

　しかしながら、定員増規制の時代に突入すれば、そうした従来の見方が通用しない。大学の定員が増えない限り、ブランド価値を把握するのが次第に難しくなる。ブランド価値の動きと密接な関係にある具体的指標が見つかりにくいからだ。そのため、外部組織による客観的評価に注目が集まってくる。

　いまでも学内で自己点検・評価が行われているが、あくまでも内部組織でのチェックに過ぎない。客観性を備わった評価を下すには、外部組織に依存せざるを得ないであろう。そのためには、大学の諸活動を外部組織に向けて正確に伝えなければならない。それと同時に、教育・研究活動を担う教員について個々の評価も客観的に判断してもらう必要がある。

133

第2部　大学経営を取り巻く諸問題

外部組織による客観的評価の役割は単にブランド価値を正確に測定し、それを伝えるだけにとどまらない。大学の諸活動を刺激することで、好ましい方向に導く効果もある。相乗効果が発揮できれば、大学のブランド価値はさらに高まっていく。

確かに定員増規制のもとではブランド価値が見えにくいので、外部組織による客観的評価が求められる。だが、そうした評価にも調査機関の特色から多少の偏りが生じたりもする。

本来、大学の教育や研究は極めて複雑であり、絶えず変化していく。いかなる調査機関であれ、その問題を完全に克服するにはやはり無理がある。そのため、外部組織への調査依頼をためらう大学は多いであろう。

(2)　外部収入に依存した大学経営

どうすれば大学のブランド価値の動きを把握できるのであろうか。それは大学の収支差額の動きを観察するのが、最も単純明快な方法である。同じことであるが、収支差額が蓄積されていく基本金の動きに注目すれば良い。なぜなら、大学の定員が変わらないもとでは、ブランド価値の増減が外部収入に反映されやすいからである。

研究資金、補助金、寄付金といった外部収入は、大学経営を支える重要な財源となる。大学の教育・研究活動が社会で高く評価されれば、当然の流れとして外部収入も自然に増えてくる。そうであれば最終的な財務指標である収支差額や基本金の動きを見るだけで、ブランド価値の変化をある程度把握できる。

これからの大学は外部収入を高めていかなければ、ブランド価値も財政も不安定な状態に陥ってしまう。そのことは大学経営を大きく転換させる誘因となる。いままでは大学納付金に依存した内向きの経営を続けていればよかったが、これからは絶えず外に向けた教育・研究活動を展開しない限り、外部収入は得られにくい。

そのためには、大学経営に変革が求められる。とりわけ、教員に課される仕事の内容が変わってくると思われる。もちろん、教育・研究活動に主軸を置く

のに変わりはないが、それらの活動が外部収入の獲得につながるような動きに
向かっていくであろう。

　それはブランド価値の形成を証明するためでもあり、また大学財政に貢献す
る行動でもある。両者が正のスパイラルを描けば、大学は持続的な発展につな
がっていく。そのため、教員は外に目を向けた活動が求められてくる。

　わが国の大学では教育・研究活動と大学経営を分けて考える傾向が強い。教
育・研究活動はブランド価値の形成につながる業務であり、その仕事を担うの
が主として教員である。それに対して、大学経営を運営するのが理事会であ
り、そこから生じる財務の諸問題に取り組みながら、最終的に基本金の形成を
決定づけている。

　こうした大学経営の2分法は教学と法人という対立の構図としてとらえる関
係者も多い。それでも定員を増やし続けることで、ブランド価値と財務の安定
性が同時に高まっていった。そのため、教学と法人の間に亀裂が表向き生じて
いたとしても、何の問題もなかった。

　だが、定員増規制のもとでは大学経営の2分法はいつまでも通じない。定員
が一定のもとでは大学のブランド価値と財務を相互に高めていかなければ、い
ずれ行き詰まってしまうからである。教学も法人もブランド価値の最大化と財
務の安定性を目指しながら、大学運営に取り組んでいかざるを得ない。

　東京23区私立大学の定員増規制は東京一極集中を解消するための方策とし
て政府から打ち出されたが、その効果は不透明である。東京への人口流入をど
れだけ抑えられるのであろうか。また、定員割れに悩む地方の私立大学にどれ
だけ受験生が向かっていくのであろうか。

　政府が意図した政策効果に疑問を持つ人は多い。だが、私立大学の運営に及
ぼす影響はかなり大きいと思われる。定員増に依存した経営体質を持つ私立大
学にとって、経営の方向性を根本から変えていかなければならないからであ
る。

　その一方で、依然として昔ながらの大学経営の2分法に固執する関係者も多
いため、その動きは緩慢かもしれない。それでも時間が経過するにつれて収支

第2部　大学経営を取り巻く諸問題

差額の変化から基本金が食い潰されていく姿を見れば、ブランド価値と財務の
安定性を求める本来の経営改革が進められていくであろう。

第5章　東京23区私立大学の定員増規制の影響

付録 5-1　短期経営モデルの方程式

	変数	単位	定義
□	ブランド価値		100
□	基本金	MJPY	3,000 << MJPY >>
⊸◉▷	ブランド価値喪失		ブランド価値/5
⊸◉▷	収支差額	MJPY	収入－コスト
⊸◉▷	基本金喪失	MJPY	基本金/30
⊸◉▷	教育・研究活動		(教育活動＋研究活動)^(1/2)
○	A学部		大学の定員＊学部配分
○	B学部		大学の定員＊(1－学部配分)
○	コスト	MJPY	(教育活動＋研究活動)＊1.3 << MJPY >>
○	収入	MJPY	学生納付金＋外部収入
○	外部収入	MJPY	ブランド価値＊0.3 << MJPY >>＊外部資金調達力
○	学生納付金	MJPY	一人当たり授業料＊大学の定員
○	教育活動		A学部^(2/3)＊B学部^(1/3)
◆	一人当たり授業料	MJPY	0.8 << MJPY >> or 0.95 << MJPY >>
◆	外部資金調達力		3 or 20
◆	大学の定員		10,000 or 12,000
◆	学部配分		0.65 or 0.50
◆	研究活動		1,000 or 2,000

第 2 部　大学経営を取り巻く諸問題

付録 5-2　長期経営モデルの方程式

	変数	単位	定義
□	ブランド価値		100
□	一人当たり授業料	MJPY	0.8 << MJPY >>
□	基本金	MJPY	3000 << MJPY >>
□	外部資金調達力		3
□	大学の定員		10,000
□	研究活動		1,000
━◉▷	ブランド価値喪失		ブランド価値/5
━◉▷	収支差額	MJPY	収入−コスト
━◉▷	基本金喪失	MJPY	基本金/30
━◉▷	定員増加		大学の定員＊定員増加率
━◉▷	授業料増加	MJPY	一人当たり授業料＊授業料増加率
━◉▷	教育・研究活動		(教育活動＋研究活動)^(1/2)＊変動 1
━◉▷	研究活動増加		研究活動＊研究活動増加率
━◉▷	調達力増加		外部資金調達力＊調達力増加率＊変動 2
○	A学部		大学の定員＊学部配分
○	B学部		大学の定員＊(1−学部配分)
○	コスト	MJPY	(教育活動＋研究活動)＊1.3 << MJPY >>
○	収入	MJPY	学生納付金＋外部収入
○	変動 1		NORMAL(期待値 1, 標準偏差 1,0.5)
○	変動 2		NORMAL(期待値 2, 標準偏差 2,0.5)
○	外部収入		ブランド価値＊8 << MJPY >>＊外部資金調達力
○	学生納付金	MJPY	一人当たり授業料＊大学の定員
○	教育活動		A学部^(2/3)＊B学部^(1/3)
◆	学部配分		0.65 or 0.50
◆	定員増加率		0 or 0.005
◆	授業料増加率		0 or 0.005
◆	期待値 1		1
◆	期待値 2		1
◆	標準偏差 1		1/3
◆	標準偏差 2		1/3
◆	研究活動増加率		0 or 0.015
◆	調達力増加率		0 or 0.005

138

第6章　支出優先の大学経営と区分経理

第1節　大学発展の仕組み

(1)　区分経理の導入

　私立大学が持続可能な発展を遂げていくには、絶えず社会の変化に対応できる柔軟な仕組みが備わっていなければならない。そのためには大学を構成する個々の学部が、独自の専門知識を活かしながら社会ニーズを迅速に掴み取る必要がある。これにより大学のブランド価値が向上していく。

　わが国の総合大学は、いままで新学部の設置を繰り返しながら規模を拡大させてきた。とりわけ、主要私立大学は学部の増設に伴って定員を増やすことで、社会への情報発信力を高めながらブランド価値を確実に高めてきた。

　それと同時に、大学の財務力も学部の増設による定員増から安定性を高めてきた。さまざまな学部を設置することで大学に対する魅力がこれまで以上に高まり、さらに定員増から一単位当たりのコストも徐々に下がっていくため、大学経営は安定化しやすくなる。一般企業と同様に、大学も範囲の経済や規模の経済が作用するのである。

　ところが、個別の学部が合わさってはじめて大学全体の経営が成立するにもかかわらず、学部単位の活動を正確に伝える会計情報が見られない。最終的に大学全体の会計報告さえ行えば、それで十分と考えているのだろう。個別の学部が良い成果を上げていれば、自ずと大学全体の会計も好ましい結果が報告されるからである。

第2部　大学経営を取り巻く諸問題

　確かに総合大学は個々の学部が合わさったものなので、そうした論理が当て
はまるかもしれない。実際、いままではそれでよかったと思われる。だが、今
日のように大学を取り巻く経営環境が年々厳しさを増す状況のもとでは、学部
ごとの経営チェックも必要である。複数ある学部の中で経営的に見て好ましく
ない学部があれば、改善を促すことで大学全体の経営が向上していく。あるい
は余力を残した学部があれば、刺激を与えることで一層の活躍が期待される。
　そうした効率的な経営を展開するには、学部ごとの収支を明示した区分経理
の導入が役立つ。これならば個々の学部の成果が正確に把握できる。今日の大
学会計は全体の収支を公表しているだけなので、個別学部の実態が把握しにく
い。学部ごとに区分経理が採用されれば、細かな問題も一気に解消されよう。

(2)　支出優先の大学経営

　学部単位に基づく区分経理の導入は今後、ますます必要性が高まっていくと
思われる。少子高齢化が急速に深まる中で、大学の教育・研究活動は社会から
注目されている。世の中の人々の要求に応えるためにも、個別学部による積極
的な区分経理の取り組みが望まれる。個々の学部が独自の戦略から最大限の活
動を展開すれば、社会から評価される大学として位置づけられる。
　ただ、教育・研究活動に集中するあまり支出だけが膨らみ、収入が支出に追
いつかない事態にも陥りかねない。こうした場合、一般の株式会社ならば支出
を抑える行動に向かっていく。これにより赤字を防ぎながら利益を確保し、株
主に配当を出していく。
　だが、大学は基本的に営利を目的とする組織ではないため、社会ニーズに応
じた教育・研究活動であれば支出を簡単に切り詰めるわけにはいかない。支出
優先の大学経営がまさに一般の株式会社と異なる経営の特殊性と言える。それ
でも、赤字が連続的に発生すれば存続が危ぶまれる。
　そのため、支出に見合った水準まで収入を切り上げていく必要がある。区分
経理に従って個別学部ごとに収支が明示されれば、それぞれの活動状況が把握
できるだけでなく、赤字であれば学部独自の努力から収入を増やすようにな

る。これにより大学は持続可能な発展を遂げることができる。

　したがって、本章ではシステムダイナミックスによる簡単なモデルを用いながら、支出優先の大学経営を支える区分経理の有用性を説明していきたい。個別学部の経営をチェックすれば大学全体の経営も効率化できるうえ、将来に向けた取り組みも明確になる。まず、既存の大学会計の仕組みを説明した後で、個々の学部に区分経理を取り入れた理想的なモデルを紹介することにしよう。

第2節　私立大学の財務諸表

(1)　大学会計の特徴

　大学決算で発表される財務諸表を見ると、私立大学と国立大学法人では様式が異なっている。貸借対照表はほぼ同じであるが、期間損益の表記の仕方が両者でかなり違っている。名称も私立大学では事業活動収支計算書と呼ぶのに対して、国立大学法人では一般企業と同様に損益計算書として記されている。

　図表6-1は私立大学と国立大学法人に分けながら、決算の様式を比較したものである。私立大学の事業活動収支計算書は教育活動収支、教育活動外収支、特別収支の3項目から形成され、そこから基本金組入前当年度収支差額が得られる。

　活動内容に応じて区分している点が特徴である。本来の活動収支を基本に置きながら、2つの収支が補完する流れが読み取れる。そこから基本金組入額を差し引くことで当年度収支差額が求められ、最終的に貸借対照表の純資産を構成する基本金ならびに繰越収支差額に流れていく。

　それに対して国立大学法人の損益計算書では活動区分が明記されていない。だが、一般企業と同様に経常収益と経常費用から得られた経常利益が特別損失と特別利益を通じて当期純利益に向かい、貸借対照表の純資産を形成する利益剰余金を決定づけている。

　私立大学であれ国立大学法人であれ、それぞれの項目の名称が違ってもフローの期間損益がストックの純資産に流れていく構図は同じである。連続的に

第2部　大学経営を取り巻く諸問題

図表6-1　私立大学と国立大学法人の財務諸表

（1）私立大学の財務諸表

①私立大学の事業活動収支計算書

教育活動収支		
	事業活動収入の部	
		学生生徒等納付金・手数料
		寄付金
		経常費等補助金
		・・・・・・
		教育活動収入計
	事業活動支出の部	
		人件費
		教育研究経費
		管理経費
		・・・・・・
		教育活動支出計
	教育活動収支差額	
教育活動外収支		
	事業活動収入の部	
		受取利息・配当金
		・・・・・・
		教育活動外収入計
	事業活動支出の部	
		借入金等利息
		・・・・・・
		教育活動外支出計
	教育活動外収支差額	
	経常収支差額	
特別収支		
	事業活動収入の部	
		資産売却差額
		・・・・・・
		特別収入計
	事業活動支出の部	
		資産処分差額
		・・・・・・
		特別支出計
	特別収支差額	
基本金組入前当年度収支差額		
基本金組入額		
当年度収支差額		

②私立大学の貸借対照表

総資産	
負債	
純資産	
	基本金
	繰越収支差額

（2）国立大学法人の財務諸表

①国立大学法人の損益計算書

経常費用		
	業務費	
		教育経費
		研究経費
		診療経費
		受託研究費
		人件費
	一般管理費	
	財務費用	
	・・・・・・	
経常収益		
	運営費交付金収益	
	学生納付金収益	
	附属病院収益	
	受託研究・受託事業等収益	
	寄附金収益	
	財務収益	
経常利益		
臨時損失		
臨時利益		
当期純利益		

②国立大学法人の貸借対照表

総資産	
負債	
純資産	
	資本金
	利益剰余金

142

利益を生み出せば純資産が増え、財務の健全性が高まったと解釈できる。

　ただ、私立大学の事業活動収支計算書と国立大学法人の損益計算書との違いで注目しなければならないのは、収入・収益と支出・費用の順番が異なっている点である。私立大学の事業活動収支計算書では最初に収入が取り上げられ、そこから支出を差し引くように表記されている。

　ところが、国立大学法人の損益計算書ではまず費用が計上され、それを収益がどれだけ賄うかを見るかのように下方に位置づけられている。一般企業の決算で発表される損益計算書とは違った表記である。なぜ収益と費用の順番が異なるのであろうか。その理由は基本的に国立大学法人が果たす役割と株式会社に代表される一般企業の目的がまったく違っているからであろう。

　一般企業はどれだけ利益を確保するかが最大の関心事となる。それを実践するため収益の拡大を目指し、一方で費用の削減を心掛ける。その行動を損益計算書に表すには収益が費用の前に位置づけたほうがわかりやすい。だが、国立大学法人の使命は人々から要望された社会ニーズを満たすことにあり、それを実現するのにどのような使い方をしたのかを報告しなければならない。そのため、資金使途の開示を優先する立場から、費用を損益計算書において収益よりも先に置かれている。

(2)　収支差額の種類と黒字の達成

　もちろん、収益と費用の差額は同じであるが、両者の位置づけの違いは大学と一般企業が目指す最終的な目標の違いを表現していると解釈できる。そうであれば、私立大学も国立大学法人と同じ使命が課されているので、損益計算書に相当する事業活動収支計算書においても支出のほうが収入よりも先に置かれてもよいであろう。そのほうが大学の本来の在り方を表現した会計表記と思われる。

　図表6-2はそうした国立大学法人の損益計算書をモデルにしながら、私立大学の事業活動収支計算書の項目を並べ替えたものである。活動内容に基づきながら支出がそれぞれ最初に示され、その後に収入が置かれている。これなら

第2部　大学経営を取り巻く諸問題

図表6-2　私立大学の理想的会計情報

教育活動収支	全学部	A学部	B学部
事業活動支出の部			
人件費	・	・	・
教育研究経費	・	・	・
管理経費	・	・	・
・・・・・・・・			
教育活動支出計	・	・	・
事業活動収入の部			
学生生徒等納付金・手数料	・	・	・
寄付金	・	・	・
経常費等補助金	・	・	・
・・・・・・・・			
教育活動収入計	・	・	・
教育活動収支差額	x x x	x x x	x x x

教育活動外・特別収支	全学部
事業活動支出の部	
借入金等利息	・
・・・・・・・・	
資産処分差額	・
・・・・・・・・	
事業活動収入の部	
受取利息・配当金	・
・・・・・・・・	
資産売却差額	・
教育活動外・特別収支差額	x x x

基本金組入前当年度収支差額	x x x

基本金組入額	x x x

当年度収支差額	x x x

ば大学の本来の理念に合致した理想的な会計表記と言えよう。さらに区分経理に従い、学部単位の細分化された数値も並べられている。まさに理想的会計情報が把握できるスタイルが取られている。

　ここでは活動内容から教育活動収支と教育活動外・特別収支の2つに分けられている。元々は教育活動収支のほかに教育活動外収支と特別収支から形成されているが、大学の主要な業務は教育活動収支に反映され、残された2つの収支は大雑把に捉えれば同じ資産運用に関わる成果を表している。それゆえ、教育活動外・特別収支としてひとつにまとめられている。

第6章　支出優先の大学経営と区分経理

　大学が社会ニーズに見合った活動を繰り広げれば、それに伴って事業活動支出も拡大していく。その場合、大学は教育活動収支差額が赤字にならないように事業活動収入を高めていかなければならない。

　ここでは区分経理に従ってA学部とB学部に分けながら計上するスタイルが示されている。これならば学部ごとの活動状況が正確に把握できる。支出だけでなく収入も報告されるので学部間の経営上の優劣もわかり、現状を認識することで改善につながっていく。

　それでも両学部を合計した教育活動収支差額が赤字に陥るならば、教育活動外・特別収支差額に依存せざるを得ない。受取利息・配当金と資産売却差額による収入から借入金等利息と資産処分差額による支出を差し引いた差額が黒字であれば、教育活動収支差額の赤字を穴埋めできる。そうすれば、本来の教育・研究活動が財務上の制約から解放されるであろう。

　もちろん、教育活動外・特別収支差額は区分経理で捉える必要はない。細かく見れば学部単位で取り扱える項目もあるかもしれないが、全体的には大学本体が遂行する業務がほとんどであるため、学部ごとに分けず一括して表記されている。

　最終的に大学は、教育活動収支差額と教育活動外・特別収支差額の合計である基本金組入前当年度収支差額が黒字になるように努めるであろう。黒字の一部を基本金組入額に充てなければならないからである。これにより将来にわたって持続可能な発展が約束される。

　当年度収支差額は、基本金組入前当年度収支差額から基本金組入額を差し引いたものである。大学はいつでも黒字が生み出され、その範囲内で基本金に組み入れられるわけではない。時には赤字が発生するであろう。それでも長期的視点に立てば、基本金の組み入れは必要である。その場合、当年度収支差額は赤字となる。

　貸借対照表では、基本金組入額の累積に相当する基本金と当年度収支差額の合計である繰越収支差額を加えることで、純資産が得られる。一時的に当年度収支差額が赤字であっても経営に支障が生じることは無いであろうが、慢性化

すれば深刻な問題を抱えてしまう。

　なぜなら、繰越収支差額が赤字の状態になれば、純資産が確実に減少していくからである。純資産がマイナスになれば経営破綻を意味する。そうならないためにも、当年度収支差額が慢性的に赤字に陥らないようにしなければならない。

第3節　主要私立大学の財務力

(1)　財務指標と経営指標

　大学の財務諸表が理解できたところで、早速、主要私立大学を対象にしながら 2016 年 3 月末の決算から財務指標と経営指標を求めてみたい。ここで言う主要私立大学とは早稲田大学、慶應義塾大学、上智大学、東京理科大学、学習院大学、明治大学、青山学院大学、立教大学、中央大学、法政大学、関西大学、関西学院大学、同志社大学、立命館大学、近畿大学、日本大学、東洋大学、駒澤大学、専修大学の 19 校である。

　図表 6 - 3 は前節で説明した事業活動収支計算書から教育活動収支差額、教育活動外収支差額、特別収支差額の 3 種類の収支差額を求め、そこから基本金組入前当年度収支差額、基本金組入額、そして当年度収支差額を取り出している。さらに貸借対照表から純資産と総資産を求め、代表的な経営指標である ROE と ROA を導出している。

　ROE（%）＝基本組入前当年度収支差額／純資産×100
　ROA（%）＝基本組入前当年度収支差額／総資産×100

　大学ごとに財務指標や経営指標に特色が見られるが、この中で注目したいのは事業活動収支計算書で扱う 3 種類の収支差額の関係である。大学の本来の活動を集約した教育活動収支差額を中心に見ながら、教育活動外収支差額と特別収支差額がどれだけ補完しているかに関心が集まる。

第6章　支出優先の大学経営と区分経理

図表 6-3　主要私立大学の財務諸表と経営指標 (2016 年 3 月末)

	早稲田大学	慶應義塾大学	上智大学	東京理科大学	学習院大学	明治大学	青山学院大学	立教大学	中央大学	法政大学
(1) 事業活動収支計算書										
教育活動収支差額	3,080	5,904	601	▲2,586	532	▲255	730	766	2,069	495
教育活動外収支差額	2,122	3,274	829	▲99	395	561	643	261	512	381
特別収支差額	3,939	1,738	527	320	236	317	5,144	339	▲506	115
(2) 収支差額										
基本金組入前当年度収支差額	9,141	10,917	1,958	▲2,365	1,164	623	6,517	1,367	2,075	992
基本金組入額合計	▲5,190	▲14,491	▲1,594	▲2,856	▲1,078	▲948	▲2,955	▲4,924	▲2,242	▲8,978
当年度収支差額	3,951	▲3,574	363	▲5,221	85	▲325	3,561	▲3,556	▲166	▲7,986
(3) 貸借対照表										
純資産	299,151	302,633	93,835	153,404	92,149	171,219	133,894	78,187	149,153	178,397
総資産	361,646	400,869	117,902	185,431	103,524	221,554	161,839	108,216	180,310	211,055
(4) 経営指標										
ROE (%)	3.06	3.61	2.09	▲1.54	1.26	0.36	4.87	1.75	1.39	0.56
ROA (%)	2.53	2.72	1.66	▲1.28	1.12	0.28	4.03	1.26	1.15	0.47

(注)　単位：百万円

	関西大学	関西学院大学	同志社大学	立命館大学	近畿大学	日本大学	東洋大学	駒澤大学	専修大学	平均
(1) 事業活動収支計算書										
教育活動収支差額	1,365	1,875	1,650	1,953	7,002	1,224	5,494	1,976	124	1,789
教育活動外収支差額	367	269	944	2,041	239	1,742	383	1,159	104	849
特別収支差額	783	444	662	1,684	1,101	▲1,261	69	2,385	▲1,554	867
(2) 収支差額										
基本金組入前当年度収支差額	2,515	2,589	3,256	5,678	8,344	1,705	5,947	5,521	▲1,325	3,506
基本金組入額合計	▲156	▲3,981	▲4,378	▲4,829	▲19,783	▲13,302	▲5,130	▲2,965	▲201	▲5,262
当年度収支差額	2,358	▲1,392	▲1,122	848	▲11,439	▲11,597	817	2,556	▲1,526	▲1,756
(3) 貸借対照表										
純資産	185,587	149,162	219,507	314,277	356,965	571,230	200,977	72,823	114,474	201,949
総資産	217,984	177,629	248,563	359,190	410,133	737,268	219,580	95,875	135,173	244,934
(4) 経営指標										
ROE (%)	1.36	1.74	1.48	1.81	2.34	0.30	2.96	7.58	▲1.16	1.88
ROA (%)	1.15	1.46	1.31	1.58	2.03	0.23	2.71	5.76	▲0.98	1.54

(注)　単位：百万円

第 2 部　大学経営を取り巻く諸問題

　大学は本来の使命を果たすため支出優先の経営から事業活動支出が拡大し、それに見合うように事業活動収入を確保しようとする。それでも両者の差額である教育活動収支差額が赤字であれば、本業以外の教育活動外収支差額と特別収支差額で穴埋めする。

　そうした経営行動が展開されているかどうかを確認するため、わかりやすく描いたものが図表 6 - 4 である。3 種類の収支差額が大学ごとに積み上げ縦棒グラフで示されている。これを見ると、多くの大学が教育活動収支が黒字である。また、教育活動外収支差額も特別収支差額も黒字の大学が一般的である。

　こうした姿を見る限り、支出を先に決定づけて後から収入が追っていく支出優先の経営とは異なっている。真逆の収入優先の経営と言える。恐らく教育活動収支差額だけでなく他の収支差額もともに黒字化することで基本金組入前当年度収支差額を膨らませ、基本金組入額を高めようとしているのであろう。

　実際、多額の基本金組入額が多くの年度にわたって継続的に振り向けられている。このことから将来に向けた投資戦略が繰り広げられていると考えられる。

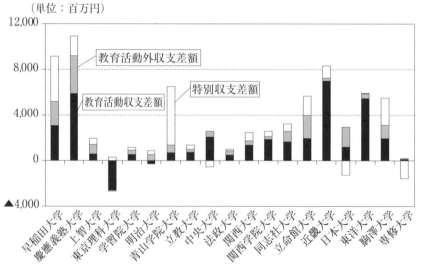

図表 6 - 4　主要私立大学の 3 種類の収支差額（2016 年 3 月末）

第6章　支出優先の大学経営と区分経理

　あるいは別の解釈をすれば、私立大学の経営上の立場から財務の健全性を重視するあまり保守的な経営に向かっているのかもしれない。つまり、実現可能な収入を大前提にしながら、その範囲内に支出を抑える行動である。これならば黒字が生み出され、経営破綻に陥ることがないからだ。

(2)　国立大学法人との比較

　それに対して、国立大学法人であれば異なった動きが見られるかもしれない。もともと損益計算書において支出を収入の上に位置づける決算が打ち出されているので、会計で表記されたような経営理念の実現に向けた忠実な行動がとられていると推測される。すなわち、大学の方針に基づきながら、支出優先の経営から支出を決定づけたうえで収入が後追いする流れが見られるであろう。

　そうであれば、経常費用と経常収益の差額である経常利益が赤字の大学があっても不思議ではない。あるいは最終的な当期純利益も赤字になるかもしれない。図表6-5は主要な国立大学法人として北海道大学、東北大学、東京大学、名古屋大学、京都大学、大阪大学、九州大学の7校を取り上げ、2016年3月末の決算から財務指標と経営指標を示している。

図表6-5　国立大学法人の財務諸表と経営指標（2016年3月末）

	北海道大学	東北大学	東京大学	名古屋大学	京都大学	大阪大学	九州大学	平均
(1) 損益計算書								
経常費用	96,486	142,778	229,124	102,577	161,664	140,702	126,241	142,796
経常収益	99,533	145,351	235,788	106,030	164,609	144,921	126,930	146,166
経常利益	3,047	2,572	6,663	3,452	2,945	4,218	688	3,369
当期純利益	2,055	4,541	15,572	3,645	8,965	8,057	1,599	6,348
(2) 貸借対照表								
資産	295,870	430,604	1,396,174	249,595	498,955	468,456	437,151	539,544
純資産	210,397	250,559	1,124,353	132,158	333,686	348,025	273,933	381,873
資本金	154,570	192,209	1,045,247	72,592	273,709	284,638	146,151	309,874
利益剰余金	30,017	22,226	62,188	16,146	36,646	48,714	10,117	32,293
(3) 経営指標								
ROE（%）	0.98	1.81	1.38	2.76	2.69	2.32	0.58	1.79
ROA（%）	0.69	1.05	1.12	1.46	1.80	1.72	0.37	1.17

（注）単位：百万円

第 2 部　大学経営を取り巻く諸問題

　この表から財務指標を見ると、赤字の大学はない。経常利益も当期純利益も黒字である。さらに経営指標として ROE と ROA を見ると、当然ながらプラスの値がそれぞれ弾き出されている。

　　ROE（％）＝当期純利益／純資産×100
　　ROA（％）＝当期純利益／資産×100

　どの指標も私立大学と変わりなく、黒字を示している。それでも私立大学と比較すれば利益率が低いと考えられるかもしれない。そこで、主要な国立大学法人 7 校と先ほどの私立大学 19 校から資産規模が類似している日本大学、近畿大学、慶應義塾大学、早稲田大学、立命館大学、同志社大学、明治大学の 7 校を選び比較してみたい。図表 6-6 は横軸に資産規模を取り、縦軸に ROA を取った散布図に 14 校をプロットしたものである。

　この図を眺めると、国立大学法人も私立大学とほぼ同じような利益率を生み出している。会計上の表記から経営方針の相違が感じられるにもかかわらず、実際はどちらも収入の範囲内に支出を抑える収入優先の経営をとっている。確

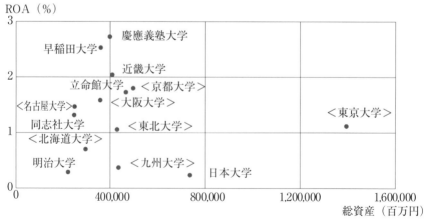

図表 6-6　私立大学 7 校と国立大学法人 7 校の経営比較（2016 年 3 月末）

かに財務の健全性を考えれば、一般企業と同様に収入を前提にしながら支出を決めるのであろう。

　だが、これからの大学はいままで以上に日本経済の発展に貢献しなければならない。そのためには大学の本来の使命に基づきながら、社会ニーズを満たすうえで必要ならば積極的に教育・研究活動を行う必要がある。それゆえ、支出を決定づけたうえで後から収入を確保する支出優先の経営が実践されていくであろう。

　次節では私立大学をイメージしながら将来の大学経営の姿をシステムダイナミックス・ソフトの Powersim Studio を用いて描いてみたい。

第4節　理想的会計情報に基づく私立大学の経営モデル

(1)　大学経営のメカニズム

　大学が社会ニーズに応じた教育・研究活動を展開すれば、ブランド価値は上昇する。ブランド価値は極めて抽象的な表現であるが、大学が生み出すあらゆる価値の創造を意味する。総合大学であれば学部ごとに設けられた区分経理に従って成果をチェックすれば、最大のブランド価値が効率的に生み出されていくであろう。そのためには自ずとコストが発生する。

　図表6-7は総合大学が生み出すブランド価値とコストの関係をA学部とB学部に分けながら描いている。例えば、A学部を取り上げてみよう。教員や職員に代表される「A学部・資源」を活用することで「A学部・活動」からブランド価値が形成され、それが「A学部・ブランド価値」に蓄積されていく。また、「A学部・ブランド価値喪失」も生じる。

　A学部・資源は「A学部・成長率」で決定づけられた「A学部・投入」が毎期ごとに流入するので、時間の経過とともに増大していく。それに伴って「A学部・単位コスト」とA学部・資源から「A学部・コスト」が発生する。

　もちろん、ブランド価値とコストは比例関係にある。教育・研究活動を繰り広げることでブランド価値が高まるが、同時にコストも必然的に上昇するから

第2部　大学経営を取り巻く諸問題

図表6-7　大学のブランド価値とコストの関係

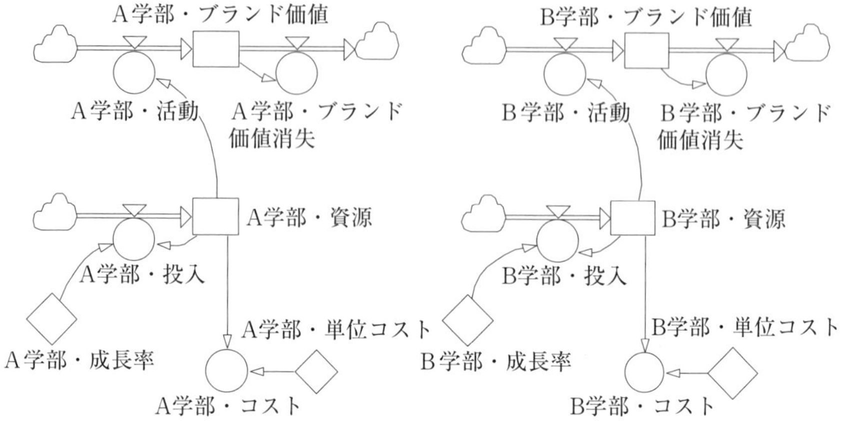

A学部・ブランド価値　　　　　　B学部・ブランド価値

A学部・活動　　A学部・ブランド　　　B学部・活動　　B学部・ブランド
　　　　　　　　価値消失　　　　　　　　　　　　　　価値消失

A学部・資源　　　　　　　　　　　　B学部・資源

A学部・投入　　　　　　　　　　　B学部・投入

A学部・単位コスト　　　　　　　　　　B学部・単位コスト

A学部・成長率　　　　　　　　　　B学部・成長率

A学部・コスト　　　　　　　　B学部・コスト

だ。ブランド価値の拡大はコストの増大を伴うことになる。

　なお、B学部についてもA学部と全く同様の説明が行えるので、ここでは割愛する。ただ、どの学部であれ、一単位当たりのコストから生み出されるブランド価値の増分は、大学の創意工夫からコントロール可能となる。そのための有効な方法は、学部ごとに効率的な運営が行われているかをチェックすることである。これにより、大学全体のブランド価値が最小のコストで拡大していく。

　同様に、収入もブランド価値に依存する傾向にある。図表6-8は両者の関係とともに図表6-2で示した私立大学の理想的会計情報を想定しながら、大学の財政メカニズムを描いたものである。

　このことをA学部を取り上げて説明していこう。まず、A学部・ブランド価値から「A学部・収入」が得られる。収入の獲得姿勢によっても異なるので、それは「A学部・資金獲得力」といった要因にも影響を受ける。同じブランド価値でも資金獲得に向けた取り組み姿勢によって、収入の増減が異なることになる。

　A学部の収入とコストの差額が「A学部・収支差額」である。B学部も同様のプロセスをたどりながら、「B学部・収支差額」が発生する。そして両学部

152

第6章　支出優先の大学経営と区分経理

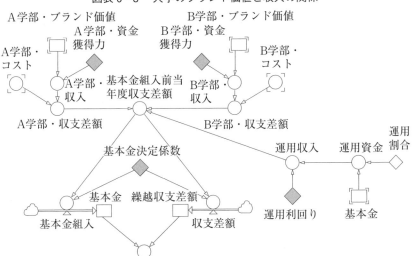

図表6-8　大学のブランド価値と収入の関係

が合わさることで、「基本金組入前当年度収支差額」が得られる。

　この金額は「基本金決定係数」によって「基本金組入」と「収支差額」に分けられる。基本金組入は「基本金」に流入し、収支差額は「繰越収支差額」に向かっていく。両者が加わることで「純資産」が形成される。

　基本金は大学の長期的な経営方針に従って決定づけられるが、それは資産運用にも影響を及ぼす。基本金のうち「運用割合」に応じた「運用資金」は、大学の「運用収入」を生み出す資金源である。「運用利回り」が高ければ運用収入も増えていく。それはA学部およびB学部の収支差額と同様に、基本金組入前当年度収支差額に流れていく。

　こうして基本金の一部を運用に充てることで収入が拡大していく。ブランド価値を高めようと教育・研究活動に力を入れるあまり、支出が拡大し、学部単位の収支が赤字になるかもしれない。だが、運用収入がその赤字を穴埋めさえすれば、大学全体の経営は安定化する。資産運用は大学経営を支える働きをしている。

第 2 部　大学経営を取り巻く諸問題

(2)　学部独自の区分経理

　大学経営のメカニズムを見てきたが、この中で強調したいのは学部の存在である。それぞれの学部が効率的な教育・研究活動を繰り広げさえすれば、大学のブランド価値も拡大していくからだ。学部ごとに活動内容を正確にチェックする仕組みが整えば、大学全体が効率的な経営に向かっていくであろう。

　大学は絶えず変化する社会ニーズの動きを観察しながら、敏感に対応していかなければならない。だが、学問の領域は専門性が極めて高いので、大学全体では把握できないことが多い。学部単位ならばこの問題をある程度克服できる。それゆえ、大学のブランド価値を確実に高めていくには、学部ごとの経営管理が大前提となる。

　そのためには、学部単位に設けられた区分経理が必要である。これにより、支出と収入の動きを学部ごとに捉えていくのである。支出の動きを通じて教育・研究活動が把握できるのは言うまでもないが、収入の動きも有益な情報を提供してくれる。それは大学が生み出すブランド価値の動きを反映していると考えられるからだ。

　社会ニーズに応じた活動がうまく展開できれば、自ずとさまざまな形となって収入が増えていく。逆に独りよがりの活動であれば、収入は時間の経過とともに確実に減っていく。したがって、収入はブランド価値を間接的に見るバロメータとなっている。

　区分経理を導入すれば学部ごとに支出と収入がチェックできるので、無駄のない経営が展開できる。教育・研究活動を実践するうえで必要な支出が発生し、それに見合った収入が得られれば問題はない。だが、赤字であれば収入を増やすように行動を転換しなければならない。その場合、赤字を生み出した学部には改善努力が促される。

　こうして学部単位で支出と収入の動きを見れば、効率的な経営が展開できる。したがって、大学の発展にとって学部単位の区分経理は、必要不可欠な会計であると言える。それでも大学全体を捉えることは大切である。私立大学の場合、教育活動収支は学部単位の区分経理を実践し、その一方で教育活動外・

第6章　支出優先の大学経営と区分経理

特別収支は学部の枠を取り払いながら大学全体でとらえていくのが自然な姿であろう。

　学部ごとに区分経理を行ったうえ、教育活動収支差額が赤字であれば、教育活動外・特別収支において収入を高める努力が要求される。具体的には運用収入の拡大である。基本金の一部である運用資金を積極的に活用することで、教育活動収支差額の赤字分を穴埋めするのである。運用収入による学部財政の補完機能がうまく作用すれば、大学は本来の教育・研究活動に邁進できることになる。

第5節　資源の投入が大学財政に及ぼす影響

(1)　資金調達力と大学財政

　これから先ほどの私立大学の経営モデルを用いて簡単なシミュレーションを行っていく。大学がいろいろな変数からどのような影響を受けるかがイメージできると思われる。ここではモデルの中で描かれたトランスミッション・メカニズムだけを扱っているが、詳細な方程式や係数については章末の付録6-1に収録されている。以下では設定された諸条件に従った場合の結果だけを示すことにしたい。

　まず、ブランド価値と成長率の関係から見ていくことにしよう。図表6-9はA学部・資源とB学部・資源の成長率がともに0％のケースと1％のケースに分けながら、各学部のブランド価値の動きが0期から始まり10期ごとに100期まで並べられている。また、両学部の合計として大学全体のブランド価値も求められている。

　数値だけを示しても資源の成長率の相違がブランド価値に及ぼす影響がわかりにくいので、図表6-10では大学全体のブランド価値の動きを成長率0％のケースと1％のケースに分けながら描いている。これを見ると、明らかに資源の投入が行われれば大学のブランド価値が拡大していくことがわかる。

　大学が持続可能な発展を遂げるには絶えず資源の投入が必要である。現状維

155

第2部　大学経営を取り巻く諸問題

図表6-9　大学のブランド価値と成長率

(1) 成長率0％のケース

	0期	10期	20期	30期	40期	50期	60期	70期	80期	90期	100期
A学部・ブランド価値	3.3	10.3	11.0	11.1	11.1	11.1	11.1	11.1	11.1	11.1	11.1
B学部・ブランド価値	2.5	6.3	6.7	6.8	6.8	6.8	6.8	6.8	6.8	6.8	6.8
ブランド価値の合計	5.8	16.6	17.7	17.8	17.9	17.9	17.9	17.9	17.9	17.9	17.9

(2) 成長率1％のケース

	0期	10期	20期	30期	40期	50期	60期	70期	80期	90期	100期
A学部・ブランド価値	3.3	10.7	12.2	13.1	14.0	14.9	16.0	17.1	18.2	19.5	20.8
B学部・ブランド価値	2.5	6.4	7.1	7.3	7.6	7.9	8.1	8.4	8.7	9.0	9.3
ブランド価値の合計	5.8	17.1	19.2	20.4	21.6	22.8	24.1	25.5	26.9	28.5	30.1

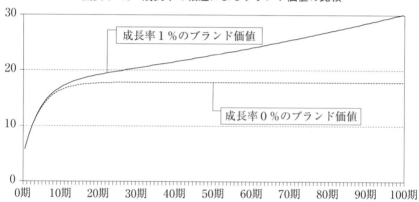

図表6-10　成長率の相違によるブランド価値の比較

持のままであればブランド価値も低迷状態に陥る。資源を学部ごとに増大させれば大学全体の発展につながっていく。このことが図表6-10から確認できたと思われる。

　その一方で、資源の投入はコストを伴うので、大学の財政を圧迫し赤字を生み出す恐れがある。それでも社会ニーズを満たすうえで必要ならば、断念するわけにはいかないであろう。その場合はコストに見合うだけの収入を確保すればよい。

　図表6-11では資源の投入がA学部もB学部もともに1％の成長が持続する中で、資金調達力の相違によって大学の財政がどのような影響を受けるかが示

第6章　支出優先の大学経営と区分経理

図表6-11　資金調達力が大学財政に及ぼす影響

(1) 資金調達力が弱いケース——成長率1％　資金調達力（A学部3・B学部1）

ケース1	0期	10期	20期	30期	40期	50期	60期	70期	80期	90期	100期
①損益計算書の項目											
A学部・収支差額	0.2	0.2	0.1	0.0	▲0.1	▲0.2	▲0.4	▲0.6	▲0.8	▲1.0	▲1.2
B学部・収支差額	0.1	0.1	0.0	▲0.0	▲0.1	▲0.2	▲0.3	▲0.3	▲0.4	▲0.6	▲0.7
運用収入	0.1	0.1	0.2	0.2	0.2	0.2	0.2	0.2	0.2	0.2	0.2
基本金組入前当年度収支差額	0.5	0.4	0.3	0.2	▲0.0	▲0.2	▲0.5	▲0.7	▲1.0	▲1.4	▲1.7
②貸借対照表の項目											
基本金	10.0	13.8	17.0	19.1	19.7	19.7	19.7	19.7	19.7	19.7	19.7
繰越収支差額	0.0	0.9	1.7	2.3	2.4	1.3	▲2.2	▲8.2	▲17.0	▲28.9	▲44.2
純資産	10.0	14.7	18.7	21.3	22.2	21.0	17.5	11.5	2.8	▲9.1	▲24.5

(2) 資金調達力が強いケース——成長率1％　資金調達力（A学部5・B学部2）

ケース2	0期	10期	20期	30期	40期	50期	60期	70期	80期	90期	100期
①損益計算書の項目											
A学部・収支差額	0.9	0.9	0.8	0.7	0.6	0.4	0.3	0.1	▲0.1	▲0.3	▲0.5
B学部・収支差額	0.4	0.4	0.4	0.3	0.2	0.2	0.1	▲0.0	▲0.1	▲0.2	▲0.4
運用収入	0.1	0.2	0.3	0.4	0.5	0.6	0.7	0.7	0.8	0.8	0.8
基本金組入前当年度収支差額	1.4	1.5	1.5	1.4	1.3	1.2	1.0	0.8	0.6	0.3	▲0.0
②貸借対照表の項目											
基本金	10.0	21.7	33.7	45.2	56.2	66.3	75.3	82.9	88.9	92.8	94.2
繰越収支差額	0.0	2.9	5.9	8.8	11.5	14.1	16.3	18.2	19.7	20.7	21.1
純資産	10.0	24.7	39.6	54.0	67.7	80.3	91.6	101.1	108.6	113.5	115.3

されている。最初のシミュレーションは資金調達力が弱いケースである。ここではA学部の資金調達力が3であり、B学部の資金調達力が1としている。

　その結果を見ると、40期目に2学部の収支がいずれも赤字となり、基本金組入前当年度収支差額は赤字になっている。資源の投入でコストが増大したにもかかわらず、収入が追いつかなくなったためである。財政の悪化に歯止めがかからず、ついに90期目には純資産がマイナスの状態に陥っている。大学の破綻である。

　それに対して、資金調達力が強いケースを見ると、好ましい結果が示されている。A学部の資金調達力が3から5に、そしてB学部の資金調達力が1から2に増強されている。この場合、100期目に基本金組入前当年度収支差額が若干の赤字になっているが、純資産は増え続けている。

157

図表6-12　資金調達力の相違による純資産の推移

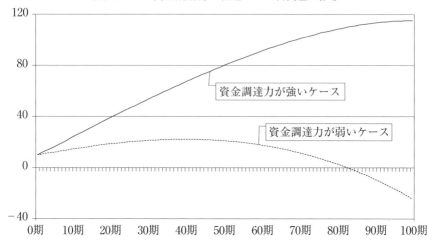

　80期目にはA学部もB学部も収支差額が赤字になっているが、基本金組入前当年度収支差額は黒字である。これは運用収入が支えているためである。資金調達力が増強されたことで基本金の一部である運用資金も増大し、運用収入が増えているのである。資金調達力が弱いケースでは運用資金が増えていかないので、運用収入は低迷している。そのために2学部の収支差額の赤字を穴埋めできなかったのである。

　なお、図表6-12は2つのケースにおける純資産の推移を描いたものである。資金調達力の相違が大学の純資産にどのような影響を及ぼすかが鮮明に捉えられるであろう。

(2)　資金調達力の意味

　資金調達力とはわかりやすく表現すれば大学の稼ぐ力である。学生に満足できる教育が行われれば学生納付金が確実に入ってくるであろう。また、研究能力が優れていれば十分な研究費が確保できる。さらに、人々から教育・研究活動が総合的に評価されれば寄付金も増えていく。

　こうした大学の稼ぐ力はブランド価値に依存している。大学が本来の教育・

第6章　支出優先の大学経営と区分経理

研究活動からブランド価値を高めていけばコストも増えていくが、収入もそれに伴って増えていく。これにより大学の財政は安定化する。資金調達力の増強とは確実に収入を確保する能力を意味している。

　学部に置かれた複雑な状況を正確に理解しているのは、学部に属する関係者である。彼らが社会に貢献するうえで必要な支出を決定し、それに見合うだけの収入を確保するように努める。その動きを促すには学部単位の支出と収入を表す区分経理が重要な役割を果たすであろう。

　収支差額が赤字であれば黒字になるように収入を増やす方法を探っていく。学部独自の情報を持っているので、有効な手段を使うことで確実に収入を確保していくと思われる。

　もし区分経理が導入されなければ学部ごとの収支差額が把握できないため、資金調達力を高めていく意識が芽生えにくい。ただ単にいままで通りの動きを見せるだけで改善には結びついていかない。しかも帰属意識が希薄になるため、機敏な動きにはつながらないであろう。

　もちろん、区分経理を導入しても学部単位での資金調達力には限界が生じる。いくら帰属意識を高めながら収入を確保しようとしても、収支差額が赤字に陥る場合もある。その時は運用資金を積極的に活用することで運用収入を得る必要がある。

　運用収入の獲得は学部が担当するのではなく、大学の理事会が行う業務である。運用資金を拡大させ、運用利回りを高めることで運用収入は増大していく。大学収入に占める運用収入の割合が高まれば、学部での活動も制約が取り外され、本来の運営が可能となる。

　わが国の私立大学では運用収入の占める割合がまだ低い状態にあるが、徐々に運用業務にも力を入れ始めている。そうであれば、近い将来、運用収入が学部の赤字を補填する仕組みが整うことで大学の自由度がますます高まり、本来のブランド価値を確実に拡大していくであろう。

第6節　大学経営の方向性

(1)　資産運用の重要性

　本来、大学は独自の教育・研究理念を掲げながら、それを実践する組織である。活動するにあたってコストが先行し、収入が後から追いかける支出優先の経営スタイルが潜在的に存在する。そのため大学は赤字体質に陥る傾向が多分にある。それを回避する有効な手段が学部単位での区分経理である。そのことをいままで強調してきた。

　だが、現状は一般企業と同様に収入の範囲内で支出を抑えている。赤字体質が続けば破綻の恐れも出てくるからである。確かに経営の安定性を考えれば当然の行動と言えるかもしれない。それでも大学の在り方を長期的視点からとらえれば、いつまでも保守的な運営を続けるわけにはいかない。

　わが国の大学とまったく対照的なのは米国の大学である。米国の主要私立大学では教育・研究活動を行ううえで生じる支出は、そこから生み出される収入よりも大きい傾向にある。その意味では支出優先の経営スタイルがとられている。ところが、寄付基金を設けながら巨額の運用資金を積極的に運用しているため、運用収入が大学予算の中で大きな割合を占めている。

　その結果、大学本体の赤字部分を運用収入で完全に補完するシステムが備わっている。これならば充実した教育・研究活動が、大学本体の収入に制約されずに自由に展開できる。大学理念を実現するための条件として資産運用の存在は、大学経営にとって無視するわけにはいかない。

　わが国の大学は米国のような完全な資産運用システムが構築されていないだけでなく、運用規模も相対的に小さい。それゆえ、大学本来の業務から生じる収支差額を運用収入で調整できるほどの役割がまだできていない。その結果、収入の範囲内に収まるように支出を抑えざるを得ないのであろう。

第6章 支出優先の大学経営と区分経理

(2) 収入制約の弊害

　本来ならば多くの支出が必要とされるにもかかわらず、収入の制約から切り詰めざるを得ない代表的事例は、教育・研究を担う教員の人件費であろう。例えば、充実した教育を学生に提供しようとすれば、少人数教育が一番好ましい。具体的には、教員一人当たりの学生数を少なくすることである。

　そのためには教員数を増やさなければならず、それに伴って人件費も増えていく。これでは大学財政を圧迫する。収入の範囲内に収まるように支出をコントロールしなければならないので、教員数を抑えた教育をせざるを得なくなる。大教室での授業はまさに大学財政の制約から生じた弊害である。

　少人数教育ならば教員と学生とのコミュニケーションも深まり、充実した教育が行われる。それを多くの学生を相手に教育するとなれば、さまざまな問題が生じる。例えば、大教室の講義で問題となるのは学生の出席管理が行われにくい点である。講義を受ける限り、学生は出席するのが大前提である。そのためには学生の出席状況を把握しておく必要がある。だが、大教室に集められた大勢の学生を相手に出欠をとるのは難しい。

　最近ではスマートフォンを活用した出席管理システムが普及しているので、一昔前のような物理的困難さは薄れたように見える。それでもすべての教員が出欠をとるわけではない。学生の出席を嫌う教員も多い。出席だけを目的にする学生の授業への参加を嫌っているのである。そうした学生が参加すると、私語など講義の妨げになるケースが多いからである。

　こうした問題も大教室での講義に起因している。少人数教育であれば、ある程度克服できるであろう。教員人数をいままで以上に増やせばいいのであるが、なかなか実行できないのが現状である。この事例からも推測できるように、収入の制約が大学の運営に及ぼす影響はかなり大きいと思われる。

　そのほかにわが国の大学に常態化している休講問題も、教員人数の少なさから生じているようにも感じられる。教員は学生に向けた講義を行うだけでなく、研究も行わなければならない。研究発表や資料収集による出張等で講義を休まざるを得ない局面も生じる。教員に教育と研究という2つの仕事が同時に

課されているために休講という措置がとられるのである。

学生にとって迷惑なことであり、本来、授業料が納付されている限り、休講は許されない行為である。それにもかかわらず、長きにわたって休講問題は解消の目処が立たないのが現状である。

だが、教員人数を増やしながら教育重視の教員と研究重視の教員に分ければ、ある程度、休講問題は解決できるのではないだろうか。これならば研究を理由にした休講はかなり減るであろう。

こうして見ていくと、収入の制約から教員人数が増やせないために休講問題がいつまでも無くならないのかもしれない。研究重視の教員を増やすなど新たな動きを見せない限り、休講問題は解決できないと思われる。

(3)　区分経理導入の条件

支出優先の大学経営は理念を実現するうえで必要な政策であるが、その一方で財務の健全性を犠牲にする恐れがある。それを回避するには支出に応じるだけの収入を確保しなければならない。学部単位の区分経理はまさに収入を高める有効な手段になる。これにより学部の構成員である教員が自らが持つ専門知識を活かしながら、着実に収入に結びつけていける。

学部の収支が赤字であれば同じ組織に属する教員に危機意識が芽生え、収入の獲得に向かっていく。教員にとって内向きの活動も重要であるが、収入の確保には外向きの活動のほうが効率がいい。

学内での講義だけでなく、学外での活動も活発に進めていく必要がある。例えば、外部の人に向けた講演活動が挙げられる。専門家にとっても一般の人々にとっても有意義な内容であれば、有料で行うべきである。大学の活動が外部に広がればブランド価値が高まるだけでなく、講演収入も得られる。

また、出版活動も同様に大学の存在感を高めながら、出版を通じた収入も確保できる。そのほかにも、専門知識を活かしながら大学のブランド価値を高めつつ収入に結びつく活動はたくさんあるように思える。

教員が外部に向けた活動を積極的に行えば収入も増えていく。これが大学の

第6章　支出優先の大学経営と区分経理

資金調達力である。その成果が見やすい形にしたものが学部単位の区分経理となる。学部ごとに収支差額を絶えずチェックすれば、効率的な運営から支出に対応した収入の確保が可能となる。

だが、いくら区分経理を導入しても教員が動かないことには成果に結びつかない。今日の大学は外部の刺激を感じながらも変化を嫌う体質が依然として残っているため、なかなか機敏な動きに転じていかない。そのためには学部の独立性を大学組織の中で認めない限り、区分経理の導入はあまり意味を成さないように思える。

学部長が経営の責任者として学部を運営し、教員の人事権を持てば円滑に進んでいく。そうであれば学部の収支差額に絶えず注意を払うので、状況に応じて適確な指示を教員に出すであろう。もちろん、教員はそれに対して機敏に応じていかなければならない。そうしたトップダウン型の経営を支えてくれるのが、学部単位の区分経理である。

今日の大学は学部長が理事であるケースが見られるが、実質的な経営者とは言えない。まして教員の人事権を有していない。こうした状況のもとでは区分経理の効力は発揮しにくいであろう。

第 2 部　大学経営を取り巻く諸問題

付録 6-1　大学経営の方程式

	変数	単位	定義
□	A学部・資源		3.30192724889463
□	A学部・ブランド価値		3.30192724889463
□	B学部・資源		2.47644543667097
□	B学部・ブランド価値		2.476445437
□	基本金	JPY	10 << JPY >>
□	繰越収支差額	JPY	0 << JPY >>
◉▷	A学部・投入	%	A学部・資源＊A学部・成長率
◉▷	A学部・ブランド価値消失		A学部・ブランド価値/5
◉▷	A学部・活動		A学部・資源^(2/3)
◉▷	B学部・投入	%	B学部・資源＊B学部・成長率
◉▷	B学部・ブランド価値消失		B学部・ブランド価値/5
◉▷	B学部・活動		B学部・資源^(1/3)
◉▷	収支差額	JPY	IF(基本金組入前当年度収支差額＞0 << JPY >>, 基本金組入前当年度収支差額＊（1－基本金決定係数），基本金組入前当年度収支差額)
◉▷	基本金組入	JPY	IF(基本金組入前当年度収支差額＞0 << JPY >>, 基本金組入前当年度収支差額＊基本金決定係数，0 << JPY >>)
○	A学部・コスト	JPY	A学部・資源＊A学部・単位コスト
○	A学部・収入	JPY	0.3 << JPY >>＊(1＋A学部・ブランド価値/100)＊(1＋A学部・資金獲得力)
○	A学部・収支差額	JPY	A学部・収入－A学部・コスト
○	B学部・コスト	JPY	B学部・資源＊B学部・単位コスト
○	B学部・収入	JPY	0.3 << JPY >>＊(1＋B学部・ブランド価値/100)＊(1＋B学部・資金獲得力)
○	B学部・収支差額	JPY	B学部・収入－B学部・コスト
○	基本金組入前当年度収支差額	JPY	A学部・収支差額＋B学部・収支差額＋運用収入
○	純資産	JPY	基本金＋繰越収支差額
○	運用収入	JPY	運用資金＊運用利回り
○	運用資金	JPY	運用割合＊基本金
◆	A学部・単位コスト	JPY	0.3 << JPY >>
◆	B学部・単位コスト	JPY	0.2 << JPY >>
◆	基本金決定係数		0.8
◆	運用利回り	%	3 <<%>>
◆	運用割合		0.3
◆	A学部・成長率	%	0 <<%>> or 1 <<%>>
◆	A学部・資金獲得力		3 or 5
◆	B学部・成長率	%	0 <<%>> or 1 <<%>>
◆	B学部・資金獲得力		1 or 2

164

第7章　授業料無償化とモラルハザード

第1節　政府の基本方針と大学経営

(1)　大学の授業料無償化

　大学関係者にとって最も興味深い最近の話題として、大学の授業料無償化が挙げられる。国立大学法人や私立大学といった大学の業態にかかわりなく、すべての大学に影響を及ぼす画期的な制度変更である。

　政府は2017年夏に「みんなにチャンス！構想会議」を設立し、同年12月8日に「新しい経済政策パッケージ」を発表した。そこには「生産性革命」と「人づくり革命」を決定づける基本方針の概要がまとめられている。新プランに基づきながら持続可能な経済成長が達成できれば、少子高齢化に絡む諸問題も自ずと克服できるであろう。

　この中で大学経営に直接影響を及ぼす政策は、人づくり革命で触れられている大学の授業料無償化である。これを受けて2018年6月には、授業料無償化の範囲や対象者等が「経済財政運営と改革の基本方針」を通じて具体的に発表された。

　当初はすべての大学生に適用されるのかと思われたが、最終的には年収380万円未満の世帯が対象になり、年収270万円未満の住民税非課税世帯の場合、国立大学法人は完全無償化で53万6千円の年間授業料が全額免除され、私立大学は年間授業料が高いため上限を設けて70万7千円までを国が支援することになった。また、入学金も国立大学法人は約28万2千円が全額免除される

165

が、私立大学は平均額の約25万3千円まで支援される。

　さらに返済不要の給付型奨学金も提供される。食費や住居・光熱費等といった生活費だけでなく、課外活動費も対象とされる。学生が学業に専念できるように生活面からも支援する仕組みがとられている。提供される金額はかなりの大きさになるであろう。大学の授業料無償化と言えば年間授業料や入学金だけを連想しやすいが、見方によっては給付型奨学金のほうが大胆な制度変更として注目されるかもしれない。

　なお、非課税世帯に近い270万円以上から380万円未満の世帯は授業料ならびに給付型奨学金の支援が所得水準に応じて2つに区分される。つまり、年収が270万円以上300万円未満の世帯は非課税世帯の3分の2、300万以上380万円未満は3分の1が支援される。

　統計データによると平均賃金は最終学歴に依存し、所得水準の低い世帯の子どもほど大学への進学率が低い。これでは貧困からなかなか抜け出せず、所得格差がますます固定化してしまう。貧しい家庭の子どもでも意欲さえあれば大学で学べる社会を目指そうと、政府は大学の授業料無償化を打ち出したのである。

　大学の授業料無償化は所得水準の低い世帯の子どもでも大学進学への道を切り開いてくれるので、大いに歓迎すべき政策である。多くの若者が大学に進学すれば、日本経済は持続的な発展を遂げることができる。先進国の事例を見ても、進学率の上昇は所得水準の上昇につながっている。政府も進学率と所得水準の密接な関係に注目したからこそ、大学の授業料無償化を提言したのであろう。

(2)　2種類のモラルハザード

　授業料無償化の財源は消費税の引き上げによる当年度の税収で賄うことになった。最終的に税負担による授業料無償化方式に固まるまで、財源確保の有力な代替案として出世払い方式も検討されてきた。卒業後に返済を求める仕組みである。オーストラリアの高等教育拠出金制度を参考にした運営システムで

ある。

　本人が負担するので、親は負担しないで済むのがメリットとして評価された。だが、学生時代から多額の借金を負えば、将来にわたって本人に経済的にも精神的にもかなりの負担を強いることになる。そのため、学生に代わって国民が負担に応じる方式が採用されることになった。確かに若いうちから学生に借金を負わせるのはつらいことかもしれない。借金に縛られた人生は決して好ましいことではない。

　だが、税負担による大学の授業料無償化はモラルハザードを伴う厄介な問題を抱えている。本来の目的は学生が大学で多くのことを学び、卒業後は学問を活かしながら仕事に打ち込むと共に国民に貢献することにある。目に見えないさまざまな形の貢献もあるが、具体的には日本の経済成長を支えることであり、さらにGDPの成長を通じて税収の増大という形で国民に還元することであろう。

　これならば現世代の国民が授業料無償化のために税負担を強いられても将来世代の国民に還元されるので、利用する学生にもまた国民にも利益をもたらす優れた経済システムと言えよう。だが、学生が本来の趣旨に反するような行動を取る恐れも考えられる。

　例えば学問に全く関心が無く、最低限のノルマを果たすだけで学生生活を過ごそうとする若者が入学するかもしれない。あるいは返済不要の給付型奨学金だけを目当てに入学を希望する学生もいるであろう。給付型奨学金の大きさから第2の生活保護だと揶揄する批判家もいるほどである。

　こうしたタイプの学生は国民に還元するような経済活動を展開する可能性が低いであろう。これでは将来世代に向けた税収の確保に結びついていかない。当初からそうした意欲もないであろう。しかも、社会人になってからも修正を促す仕組みがないので、改善の見込みが立ちにくい。

　まさに税負担による大学の授業料無償化は潜在的にモラルハザードという深刻な問題をはらんだ経済システムと言える。むしろ、出世払い方式のほうがモラルハザードを抑える作用が働くように思える。返済しなければならないので

167

大学で学問に打ち込み、それを社会に活かしながら仕事に結びつけていこうと考えるからである。これならば GDP の成長を促し税収の確保につながっていく。

　また、モラルハザードは授業料無償化の恩恵を受ける学生だけに発生する問題ではない。大学経営者にも起きる恐れがある深刻な問題である。推定によると、入学する学生の２割程度が支援の対象になる見込みである。そうすると、すべての学生が対象ではないが、２割の学生から徴収していた授業料が経営努力を怠っても確実に取得できるようになるので、自ずと経営の規律に緩みが生じる。

　大学を運営するうえで必要な授業料を確保するには、学生や御父母をはじめとするさまざまなステークホルダーが満足するような教育・研究活動を展開する必要がある。ところが授業料無償化が実施されれば、大学が本来取り組まなければならない諸活動を怠ってしまう恐れが生じる。

　政府もそのことを十分に憂慮しているのであろう。大学経営者にモラルハザードが発生しないように、大学改革の新たな取り組みを条件づけている。つまり、支援対象の大学に対して①実務経験のある教員の配置、②外部人材の理事への複数任命、③厳格な成績管理の実施・公表、④財務・経営情報の開示を要求している。

　特に外部人材の理事への複数任命は、大学経営にとってかなり刺激的である。大学の理事会に企業の社外取締役に相当する民間人を産業界から送り込むことで、一般企業と同様に大学にもガバナンス機能の強化を求めていくのである。経営の透明性を高めながらモラルハザードを回避する仕組が組み込まれることになる。

　これならば授業料無償化が導入されても大学経営にチェック機能が働く。経営にムダを省くことで大学は社会の動きに対して迅速に対応し、最終的に有能な人材を送り出すことができる。

第7章　授業料無償化とモラルハザード

(3)　新制度の問題点

　授業料無償化は受給者である学生と大学を運営する経営者にモラルハザードを誘発する恐れが潜在的に存在する。この問題を十分に認識しておかなければ、授業料無償化という新制度は持続するのが難しいであろう。次節以降ではこの問題を2つに分けながら検討していくことにしたい。

　まず、第2節では受給者にモラルハザードが生じると、授業料無償化はいずれ制度として行き詰まる恐れがあることを指摘したい。国民負担だけが累積し、それに見合った国民貢献が十分に伴っていかないからである。そのことを当初に練られた代替案である出世払い方式と比較しながら説明していく。

　第3節では大学経営者にモラルハザードが生じる場合を分析する。その問題を回避するには外部から複数の理事を採用するなど経営内容を厳格にチェックする必要がある。そのことはモラルハザードの防止にとどまらず、大学経営の改革にもつながることを示していきたい。そして第4節では全体の結論をまとめていく。

　どちらもシステムダイナミックス・ソフトの Powersim Studio を用いたモデル分析が行われている。全体の流れを把握するうえで便利な道具である。ストックとフローを組み合わせることで、論理が明確に把握できるようになっている。

　なお、モデルを構築するのに必要な方程式や変数の内容は章末の付録7-1で整理されている。本文では詳細な説明は割愛するが、関心のある読者はそこに掲げられた定義式を見ていただきたい。

第2節　受給者のモラルハザード

(1)　授業料返済を求める出世払い方式

　授業料無償化に潜むモラルハザードの存在を明らかにするうえで、当初に検討された出世払い方式との比較はかなり役立つように思える。そこで、最初に図表7-1で示された授業料返済化モデルを用いながら、代替案であった出世

169

第 2 部　大学経営を取り巻く諸問題

図表 7-1　授業料返済化モデル

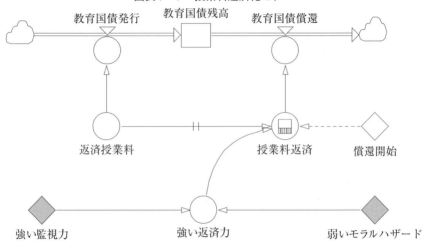

払い方式について説明していきたい。

「返済授業料」が学生である受給者に供与されるが、その資金は「**教育国債発行**」から調達される。返済授業料が年度ごとに供与されれば、同額の教育国債発行も繰り返されるので、「**教育国債残高**」が累積していく。

だが、学生が大学を卒業し十分な所得を得るようになれば、授業料を返済しなければならない。したがって、「**償還開始**」の時期が来れば「**授業料返済**」から「**教育国債償還**」が行われるので、教育国債残高は一定の水準に収束していく。

受給者の中には返済を意図的に怠るような行動を取る者も現れるだろう。だが、出世払い方式のもとでは絶えず返済を求める「**強い監視力**」が働くので、モラルハザードが発生すると言っても「**弱いモラルハザード**」しか発生しない。それゆえ、受給者に「**強い返済力**」が加わるため、次世代にわたって永続的に給付金が学生に回っていくことになる。

図表 7-2 は授業料返済化モデルから出世払い方式のもとでの教育国債残高の推移を実線で描いたものである。返済が始まる 10 期までは教育国債が毎期ごとに発行されるので累積残高は増えていくが、それ以降は発行と償還が同時

図表7-2 教育国債残高と累積国民負担の比較

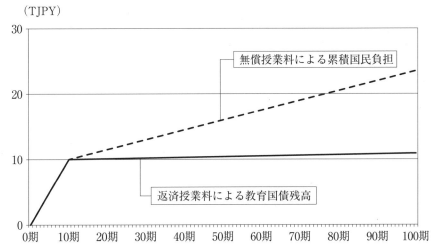

に行われるため累積残高は一定の水準に留まろうとする。だが、ここではモラルハザードが若干生じると想定しているので、累積残高はわずかながら増えている。

このようにして出世払い方式のもとでは、授業料として給付された資金がほぼ確実に返済される仕組みが備わっている。それは教育国債という見える形で資金が調達されるので、償還する義務が誰の目から見ても容易に把握できるからである。いくら返済を拒否しようとしても、モラルハザードを実行するのは難しいと思われる。

(2) 税負担による授業料無償化方式

実際に採用されたのは授業料返済を求める出世払い方式ではなく、図表7-3で描かれているような税負担による授業料無償化方式である。受給者である学生は「無償授業料」の恩恵にあずかるが、その資金はすべて「国民負担」に依存している。本来ならば学生自身が納めなければならない授業料が、国民から徴収した税負担によって賄われていく。

第2部　大学経営を取り巻く諸問題

図表7-3　授業料無償化モデル

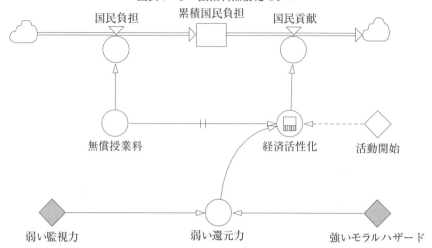

「**累積国民負担**」は時間の経過に伴いながら拡大していくが、学生が社会に出て「**活動開始**」の時期を迎えると、大学時代に学んだ学問が経済活動に活かされるようなる。その結果、「**経済活性化**」が始まり税収増という形で「**国民貢献**」が実現する。これにより過去から蓄積された国民負担が徐々に解消されていく。

これならば一定時期までは国民負担が発生し続けても、将来的には国民貢献から税収が打ち消してくれるので、税負担による授業料無償化方式は盤石のように見える。確かに受給者が恩に報いる強い精神を持ち続ける限り、国民負担と国民貢献の好循環が期待できる。

だが、必ずしも授業料無償化方式に込められた理想の精神が、学生である受給者に完全な形で反映されるとは限らない。むしろ、モラルハザードが起きる可能性のほうが大きいかもしれない。授業料無償化の恩恵を受けながら社会人になっても、国民に還元する意欲のないものも現れるであろう。

先ほどの出世払い方式ならば返済する義務があるうえ、絶えず監視されているのでモラルハザードを引き起こそうとしても難しい。しかしながら、税負担による授業料無償化方式は返済する義務がないうえ、あまり監視されることも

ない。

「強いモラルハザード」が発生するにもかかわらず、「弱い監視力」しか働かないため、不十分な「弱い還元力」から経済活性化につながっていかない。これでは毎期発生する国民負担を税収に相当する国民貢献で完全に補うことができない。そのため累積国民負担だけが蓄積されていく。

先ほどの図表7-2のシミュレーションでは返済授業料による出世払い方式の教育国債残高だけでなく、税負担による授業料無償化方式の累積国民負担も描かれている。これによると授業料無償化方式の累積国民負担は出世払い方式の教育国債残高とは対照的に、時間の経過に伴って拡大していくことがわかる。2つの方式を比較することからも受給者に発生するモラルハザードは、授業料無償化を進めていくうえで深刻な問題を引き起こす誘因になると思われる。

第3節　経営者のモラルハザード

(1)　大学経営モデル

モラルハザードは授業料無償化の恩恵にあずかる受給者の学生だけに生じるものではない。大学経営に派生する厄介な問題でもある。すべての学生が対象ではないが、一部の学生を授業料無償化の対象にする場合でさえ、大学経営に気の緩みが生じるからである。

本来ならばすべての学生から授業料を受け取るために最大限の経営努力を払わなければならない。ところが、授業料の一部が政府から確実に収められるようになると、経営努力を怠る大学関係者が現れるかもしれない。それが経営者のモラルハザードである。

わが国の大学は、学生から徴収する授業料等納付金が主要な収入源となっている。そのためには定員の完全な充足が大学経営の絶対的条件となっている。定員が確保できれば大学を経営するうえで必要な運営資金が確実に入ってくるであろう。

173

第2部　大学経営を取り巻く諸問題

　ところが、今日の大学は18歳人口の減少と大学数の増加から定員を満たせない大学も多い。定員割れの大学は危機を回避しようと懸命な努力を重ねながら、定員確保を目指している。そうした中で授業料無償化が打ち出されれば、家庭の経済的事情から大学進学を断念していた若者も大学を目指すようになる。また、返済不要の給付型奨学金も与えられるので、生活資金の確保といった本来の目的から逸脱した若者も大学を目指そうとするであろう。

　いずれにせよ、大学関係者は従来に比べれば学生確保にそれほど経営努力を払わなくても、若者のほうから大学に向かって来る。それでは大学の定員を満たせても大学の質の確保が難しくなる。やはり、経営者は大学の持続的発展を遂げるためにも不断の経営努力が必要とされる。

　政府も十分にそのことを承知しているのであろう。授業料無償化の条件として、大学改革の取り組みを強く求めている。その中のひとつの条件として、外部からの複数理事の導入が挙げられる。これによりチェック機能の強化から、モラルハザードが防止できると考えられている。

　だが、外部理事の導入はそれだけにとどまらず、理事会を活性化させる誘因も含んでいる。理事会が活性化できれば大学経営も好ましい方向に進んでいく。その意味では授業料無償化は大学経営に新たな刺激をもたらしていくと思われる。

　図表7-4はそうした大学経営のメカニズムをブランド価値の形成と基本金の形成に分けながら描いたものである。「(1) ブランド価値の形成メカニズム」では「理事会の決定 (1)」に従って「教育・研究活動」が行われ、「ブランド価値」が蓄積されていく。他方、一部が「ブランド価値喪失」として消えていく。こうした動きが無限に繰り返されていく。

　それに対して「(2) 基本金の形成メカニズム」では、財務の側面が描かれている。教育・研究活動の投入と「単位コスト」から「大学支出」が生じる。教員や職員といった経営資源の投入に「理事会の決定 (2)」では、単位コストをコントロールする。これにより大学支出の大きさが決定づけられる。

　一方、「大学収入」は「授業料無償化」とブランド価値に依存している。つ

174

第7章　授業料無償化とモラルハザード

図表7-4　大学経営モデル

（1）ブランド価値の形成メカニズム

（2）基本金の形成メカニズム

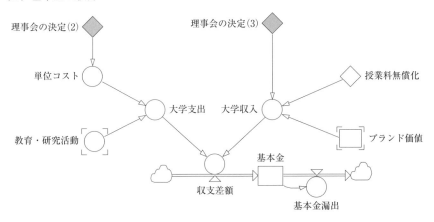

まり、政府から確実に流入する一部の学生の授業料と、ブランド価値から派生するさまざまな収入から成り立っている。「**理事会の決定（3）**」は、ブランド価値が大学収入に直結するような様々な指導を表している。十分な収入が得られない状態が続けば、理事会は改善を促すことになる。

　大学収入から大学支出を差し引いた「**収支差額**」が「**基本金**」に流入し、一部が「**基本金漏出**」として流出していく。収支差額が黒字であれば基本金に資金が流入し、財務の健全性が高まる。それに対して赤字であれば基本金から資金が流出し、財務の健全性が弱まることになる。

第2部　大学経営を取り巻く諸問題

図表7-5　理事会の決定がブランド価値と基本金に及ぼす影響

(1) 基本モデル			(2) ブランド価値の向上			①コスト削減		②収入確保		③コスト削減と収入確保	
決定 (1)=1			決定 (1)=2			決定 (1)=2		決定 (1)=2		決定 (1)=2	
決定 (2)=1			決定 (2)=1			決定 (2)=0.666		決定 (2)=1		決定 (2)=0.666	
決定 (3)=1			決定 (3)=1			決定 (3)=1		決定 (3)=1.231		決定 (3)=1.231	
期間	ブランド価値	基本金	期間	ブランド価値	基本金	期間	基本金	期間	基本金	期間	基本金
0	10.0	10.0	0	10.0	10.0	0	10.0	0	10.0	0	10.0
10	14.5	54.4	10	27.9	31.2	10	50.8	10	49.7	10	69.2
20	14.9	70.9	20	29.8	42.9	20	69.3	20	68.8	20	95.2
30	15.0	76.8	30	30.0	47.5	30	76.2	30	76.0	30	104.8
40	15.0	78.9	40	30.0	49.1	40	78.7	40	78.6	40	108.2
50	15.0	79.6	50	30.0	49.7	50	79.5	50	79.5	50	109.4
60	15.0	79.9	60	30.0	49.9	60	79.8	60	79.9	60	109.9
70	15.0	80.0	70	30.0	50.0	70	79.9	70	80.0	70	110.0
80	15.0	80.0	80	30.0	50.0	80	80.0	80	80.0	80	110.1
90	15.0	80.0	90	30.0	50.0	90	80.0	90	80.0	90	110.1
100	15.0	80.0	100	30.0	50.0	100	80.0	100	80.0	100	110.1

（注）網掛けは基本モデルと異なる箇所を意味している。

(2)　理事会の決定

　こうした大学経営のもとで新しいタイプの理事が外部から投入されれば、モラルハザードの問題を回避できるだけでなく、いままで以上に積極的な経営に転じていくであろう。図表7-5はシミュレーションを通じて理事会の決定(1)～(3) が、大学経営で重要な位置を占めるブランド価値と基本金にどのような影響をもたらすかを示したものである。

　まず、理事会の決定（1）として係数1から係数2に引き上げた場合を見てみよう。つまり、ブランド価値を高めるために教育・研究活動を拡張した場合である。授業料無償化から経営の規律が潜在的に緩む環境下でも、理事会がモラルハザードの発生を完全に阻止し、大学の本来の使命を果たす場合を表している。

　100期目を見ると、ブランド価値は教育・研究活動の成果が反映された結果、15から30に上昇している。それに対して基本金は80から50に減少している。基本金が減少しているのは、教育・研究活動の強化から大学支出が上昇したためである。大学支出の上昇に見合うほどの大学収入が確保できれば、収

第7章 授業料無償化とモラルハザード

支差額は黒字になる。だが、大学支出の方が大学収入よりも上昇したために収支差額が赤字となり、基本金の取り崩しにつながったのである。

そこで、**理事会の決定（2）**において単位コストを係数1から係数0.666に引き下げた場合を見てみよう。ブランド価値は30で変わらないが、基本金は80に戻っている。単位コストの引き下げで収支差額が改善したからである。これならば満足のゆく結果が得られたことになる。

もちろん、単位コストを引き下げなくても大学収入を高めれば基本金を減らさずに済む。**理事会の決定（3）**は収入確保を係数1から係数1.231に引き上げた場合を表している。大学収入が上昇しているので収支差額が黒字になり、最終的に基本金は80になっている。

さらに、理事会の決定（2）と（3）を合わせた場合を見てみよう。すなわち、単位コストを係数1から係数0.666に下げたうえで、さらに収入確保を係数1から係数1.231に引き上げた場合である。当然ながら収支差額の黒字が強まり、基本金は80を超えて110.1になっている。

このように理事会が教育・研究活動をはじめとして単位コストや収入確保を動かすことで、大学経営は大きく転換していく。したがって、授業料無償化が採用され経営の規律が緩もうとしても、外部から送り込まれた理事により理事会が活性化されれば、大学経営は改善の歩みを進めていくと思われる。

第4節　大学経営への影響

税負担による授業料無償化は実行するにあたって難しい問題を抱えている。当面は歓迎されるであろうが、長期的には累積国民負担の増大から制度の持続性に限界を感じざるを得ない時が来るかもしれない。だが、それと引き換えに条件づけられた大学改革への取り組みは大学の運営を根本から変えていくであろう。

私立大学であれ国立大学法人であれ、わが国の大学は学問の自由と大学の自治を重んじるあまり、世間から乖離した独自の体質を守り続けてきた。いまま

ではそれでも良かったが、日本経済が低迷する中で国民の大学に対する要求が強まるにつれて従来の姿勢を貫くのはかなり厳しい。

だが、社外取締役にあたる民間人が外部理事として大学経営に参入する等、新たな取り組みが行われれば世間の常識が浸透し、大学は変化を余儀なくされる。その時、社会ニーズに応じた教育・研究活動がかなりのスピード感を持って進められていくと思われる。

そうした意味からも大学の授業料無償化はたとえ本来の目的が達成できなくても、わが国の大学に貴重な副産物をもたらすことが予想される。本書で取り上げてきたさまざまな提言に近い内容も実現されていくと期待している。

とりわけ、人事や運営にかかわる閉鎖性は従来の経営システムを踏襲する限り、改善には結びつきにくい。だが、外部理事の参入で圧力が加われば変化を余儀なくされるであろう。これにより大学は新たな時代の要請に応えていけるようになる。

また、大学経営の動きを外部に向けて正確に伝えるには財務・経営情報の開示が必要である。ホームページ等を利用しながら詳細な決算の報告も内部の構造改革とともに着実に実行に移していかなければならない。

大学経営と情報開示が相互に絡み合いながら正のスパイラルを描ければ、わが国の大学はいままで以上に発展する。大学の授業料無償化をきっかけとした外部からの圧力は大学改革を推し進めるうえで有効な働きをするように思える。

第7章　授業料無償化とモラルハザード

付録7-1　授業料無償化とモラルハザードの方程式

	変数	単位	定義
□	ブランド価値		10
□	基本金	JPY	10 << JPY >>
□	教育国債残高	TJPY	0 << TJPY >>
□	累積国民負担	TJPY	0 << TJPY >>
⊸○▷	ブランド価値喪失		ブランド価値/5
⊸○▷	収支差額	JPY	大学収入－大学支出
⊸○▷	国民負担	TJPY	無償授業料
⊸○▷	国民貢献	TJPY	経済活性化
⊸○▷	基本金漏出	JPY	基本金/10
⊸○▷	教育・研究活動		3＊理事会の決定（1）
⊸○▷	教育国債償還	TJPY	授業料返済
⊸○▷	教育国債発行	TJPY	返済授業料
○	単位コスト	JPY	1.5 << JPY >>＊理事会の決定（2）
○	大学収入	JPY	1 << JPY >>＊(10＋ブランド価値/10)＊理事会の決定（3）＋授業料無償化
○	大学支出	JPY	教育・研究活動＊単位コスト
○	弱い還元力		強いモラルハザード/弱い監視力
○	強い返済力		弱いモラルハザード/強い監視力
○	授業料返済	TJPY	DELAYPPL（返済授業料，償還開始，0 << TJPY >>)＊(1－強い返済力)
○	無償授業料	TJPY	1 << TJPY >>
○	経済活性化	TJPY	DELAYPPL（無償授業料，活動開始，0 << TJPY >>)＊(1－弱い還元力)
○	返済授業料	TJPY	1 << TJPY >>
◆	償還開始		10
◆	弱いモラルハザード		0.1
◆	弱い監視力		2
◆	強いモラルハザード		0.3
◆	強い監視力		10
◆	授業料無償化		1 << JPY >>
◆	活動開始		10
◆	理事会の決定（1）		1 or 2
◆	理事会の決定（2）		1 or 0.666
◆	理事会の決定（3）		1 or 1.231

179

おわりに

　わが国の私立大学は戦後一貫して順調な歩みを進めてきた。それは日本経済の成長と同じ動きをたどってきたように見える。日本が高度成長期から安定成長期に向かう中で、私立大学も同じうねりを起こしてきた。しかも、バブル崩壊後の長期にわたる低迷期でも同様の波長を描いている。

　同じ動きをもたらす最大の要因は人口増加率にあり、人口が増えていた時代は日本経済も私立大学も確実に成長していた。だが、今日では少子高齢化を背景に人口が確実に減少している。そのため、日本経済は低迷状態から抜け出せないばかりか、とりわけ18歳人口の減少傾向は私立大学の経営に悪影響をもたらしている。

　人口増が将来にわたって望めない状況下で、日本経済にとっても私立大学にとっても講じるべき最良の打開策は構造改革であり、従来のシステムを根本から改良していくことにある。日本経済はかなり以前から構造改革の必要性が叫ばれ続けたせいか、さまざまな業種でそれなりの新たな取り組みが実践されてきた。

　一方、私立大学はわが国の代表的な業種に比べれば、過去のシステムをそのまま踏襲してきたように思える。それでは人口減少時代に適応できないばかりか、存続さえも危ぶまれる。実際、定員割れの私立大学は40％を超える状況に陥っている。

　そうした中で改革の圧力が外部から次々と私立大学に加えられている。すでに国立大学は2004年4月に法人化を果たしたことで、過去の姿から一変し効率的な経営が進められている。私立大学は国立大学と違ってシステムを根本から変えるわけにはいかない。それゆえ、大改革ができず緩慢な動きしか取れなかったのかもしれない。

　だが、変化しないことには私立大学の経営は厳しくなるばかりである。本来

ならば内部組織から変革を求めていくべきである。ところが、組織が肥大化すれば見えない内部の壁に直面し前進できないのが現状である。その結果、外部から私立大学の経営に圧力が加えられているのであろう。

本書では外部圧力の代表的事例として新しい決算書の導入、入学定員超過に対する補助金の削減、東京23区私立大学の定員増規制、そして授業料無償化をきっかけとした大学経営への介入などを取り上げてきた。自主独立の精神が私立大学の基本姿勢にある限り、外部圧力による改革は決して好ましいものではない。しかしながら、日本経済が置かれている行き詰まった状況を鑑みれば、変化を促されても仕方ないように感じる。

これにより私立大学は従来と違った動きを見せ始めるであろう。将来の姿はどのようなものか、具体的に示すのは難しい。だが、世間一般の常識が大学のあらゆる領域に浸透し、通常の民間会社で実践されている経営行動に近づいていくことが予測できる。

経営の基本原則はヒト・モノ・カネの経営資源を有効に活用することにある。これからの私立大学はブランド価値を最大化するように、3種類の経営資源をできる限り効率的に動かしていかなければならない。その中でもヒトに代表される教員の活用は重要である。

すでに一部の大学に導入されているが、教員評価制度が徐々に定着しつつある。教育、研究、学内事務、社会活動、研究資金や寄付金に見られる外部資金の獲得といった複数の視点から総合的にポイントで評価する手法である。

しかも、給与処遇に連動し優秀な教員には加算支給が実施される。教員の扱いを一律にする従来の大学運営において、新たな制度の導入はかなり刺激的であり反発する教員も多いと思われる。それでも、厳しい経営環境に立たされた私立大学にとって組織を活性化させる誘引の一つであることは間違いないであろう。

ただ、一人の教員があらゆる仕事をバランスよくこなすのはかなり難しい。教育と研究を同じウエイトに置くことでも向き不向きがある。教育面で優れた能力を発揮する教員もいれば、研究面で素晴らしい成果を生み出す教員もい

おわりに

る。

　まして、学内事務、社会活動、外部資金の獲得となれば苦手な教員も多い。その一方で全く逆に教育や研究よりもそれ以外の活動の方が良い成果を出せるタイプの教員もいる。

　教員にはそれぞれの個性があり、すべての領域に力を発揮するのは無理がある。しかも、全方位のベクトルから教員を評価するシステムに馴染むのにかなり時間が掛かる。だが、大学は総合的に評価されるので、教育や研究から外部資金の獲得に至るまで満遍なく展開していかなければならない。

　相矛盾する教員の個性と大学の使命を両立させるには、それぞれの分野ごとに専門の教員を採用すればよいのではないだろうか。教育と研究を中心とする教員が多くの比重を占めるであろうが、そのほかに学内事務や社会活動、そして外部資金の獲得を専門に扱う教員を特別に採用するのである。これならば教員の個性を活かしながら、同時に大学の使命を果たせる。

　いきなりは難しいが、いずれ分業化が反映された教員人事が進められていくであろう。大学間の競争が激化する中で私立大学がいままで以上に発展していくには、発想の転換が必要である。

　ここでは教員人事だけを取り上げたが、そのほかにも改良の余地が残されている。改善すべき点を見つけ出し大胆に変えていけば、私立大学はさらに成長していくものと思われる。

参考文献

閣議決定（2017）「まち・ひと・しごと創生基本方針 2017」

閣議決定（2017）「経済財政運営と改革の基本方針 2017 について」

閣議決定（2017）「新しい経済政策パッケージ」

閣議決定（2018）「経済財政運営と改革の基本方針 2018 について」

熊倉正修（2017）「大学授業料の出世払いは良いアイディアか」『世界経済評論 IM-PACT』

ケインズ，J. M.（1936）『雇用・利子および貨幣の一般理論』（塩野谷裕一訳）東洋経済新報社

小藤康夫（2009）『大学経営の本質と財務分析』八千代出版

小藤康夫（2013）『米国に学ぶ私立大学の経営システムと資産運用』八千代出版

小林道正（1996）『Mathematica による「ミクロ経済学」スタディガイド』東洋経済新報社

奈尾光浩（2015）「新会計基準で見えること」『週刊東洋経済　本当に強い大学 2015』

西野武彦（2015）『ケインズと株式投資』日本経済新聞出版社

日本経済新聞（2015）「定員超の私大　補助金削減」

毎日新聞（2015）「〈大規模私大〉定員超過分は助成減額…文科省方針」

松本康宏（2015）「主要 19 大学を徹底分析」『エコノミスト』

文部科学省（2015）「平成 28 年度以降の定員管理に係る私大等経常費補助金の取扱について（通知）」

文部科学省（2017）「平成 30 年度に開設しようとする大学又は短期大学の収容定員増及び平成 31 年度に開設しようとする大学又は短期大学の設置の認可の申請に対する審査に関し、大学、大学院、短期大学及び高等専門学校の設置等に係る認可の基準の特例を定める件等の公示について（通知）」

ワシック，J. F.（2015）『ケインズ　投資の教訓』（町田敦夫訳）東洋経済新報社

Chambers, D., and E. Dimson（2013）"John Maynard Keynes, Investment Innovator", *Journal of Economic Perspectives* Vol.27 No.3

Chambers, D., E. Dimson, and J. Foo（2015）"Keynes the Stock Market Investor: A Quantitative Analysis", *Journal of Financial and Quantitative Analysis* Vol.50 No.4

Chambers, D., E. Dimson, and J. Foo (2015) "The British Origins of the US Endowment Model", *Financial Analysts Journal* Vol.71 No.2

Swensen, D. F. (2000) *Pioneering Portfolio Management.* New York: Free Press.（デイビッド・スエンセン著；次世代年金実務家ネットワーク訳『勝者のポートフォリオ運用：投資政策からオルタナティブ投資まで』金融財政事情研究会　2003年）

Swensen, D. F. (2005) *Unconventional Success: A Fundamental Approach to Personal Investment.* New York: Free Press.（デイビッド・スウェンセン著；瑞穂のりこ訳『イェール大学CFOに学ぶ投資哲学』日経BP社　2006年）

Tobin, J. (1974) "What is Permanent Endowment Income?" *American Economic Review*, Vol.64 No.2

資料

河合塾ホームページ「私立大　大学別志願状況」（毎年度）
週刊東洋経済「大学四季報」（毎年度）
主要私立大学ホームページの決算報告（毎年度）

出典

　本書は過去に発表した論文に基づきながらまとめられている。それぞれの章ごとに論文の出典を示すと、次のようになる。

第1章　「主要私立大のブランド価値と財務力」『専修商学論集』第106号　2018年
　　　　1月
第2章　「主要私立大学の役立つ経営指標」『専修商学論集』第104号　2017年1月
第3章　「主要私立大学の資産運用行動」『専修商学論集』第104号　2017年1月
第4章　「主要私立大学の入学定員超過問題と経営戦略」『専修商学論集』第102号
　　　　2016年1月
第5章　「東京23区私立大学の定員増規制の影響」『専修ビジネス・レビュー』第13
　　　　巻第1号　2018年3月
第6章　「支出優先の大学経営と区分経理」『専修商学論集』第108号　2019年1月
第7章　「授業料無償化とモラルハザード」『専修商学論集』第109号　2019年7月

小藤　康夫（こふじ　やすお）

略歴
1953 年 10 月　東京に生まれる。
1981 年　3 月　一橋大学大学院商学研究科博士課程修了
現在　専修大学商学部教授
商学博士（一橋大学）

主な著書
『マクロ経済と財政金融政策』白桃書房（1989 年），『生命保険の発展と金融』白桃書房
（1991 年），『生保金融と配当政策』白桃書房（1997 年），『生保の財務力と危機対応制度』
白桃書房（1999 年），『生命保険が危ない』世界書院（2000 年），『日本の銀行行動』八千代
出版（2001 年），『生保危機の本質』東洋経済新報社（2001 年），『生保危機を超えて』白桃
書房（2003 年），『金融行政の大転換』八千代出版（2005 年），『金融コングロマリット化と
地域金融機関』八千代出版（2006 年），『中小企業金融の新展開』税務経理協会（2009 年），
『大学経営の本質と財務分析』八千代出版（2009 年），『決算から見た生保業界の変貌』税務
経理協会（2009 年），『世界経済危機下の資産運用行動』税務経理協会（2011 年），『米国に
学ぶ私立大学の経営システムと資産運用』八千代出版（2013 年），『生保金融の長期分析』
八千代出版（2014 年），『日本の保険市場』八千代出版（2016 年），『生保会社の経営課題』
税務経理協会（2018 年），『日本の金融システム』創成社（2019 年）

大学経営の構造と作用

2019 年 7 月 31 日　第 1 版第 1 刷

著　者　小藤　康夫

発行者　上原　伸二

発行所　専修大学出版局
　　　　〒 101-0051　東京都千代田区神田神保町 3-10-3
　　　　　　　　　　　　　　　（株）専大センチュリー内
　　　　電話 03-3263-4230（代）

印　刷
　　　　亜細亜印刷株式会社
製　本

Ⓒ Yasuo Kofuji 2019　Printed in Japan
ISBN 978-4-88125-340-3